MARCHER VERS
L'INCONNU

Frère Jack Mardesic
avec Claire Denoël

MARCHER VERS L'INCONNU

Fioretti de missions franciscaines

Éditions Emmanuel

Conception couverture : © Christophe Roger
Photos couverture : © Frères Franciscains Conventuels
Composition : Soft Office (38)

89, bd Auguste Blanqui – 75013 Paris
www.editions-emmanuel.com

ISBN : 9-782-35389-924-1
Dépôt légal : 2e trimestre 2021

PRÉFACE

PÈRE RENÉ-LUC

Juillet 1982. J'ai 16 ans et je suis un tout jeune converti. Voilà deux ans que la rencontre personnelle du Christ a complétement changé le cours de ma vie. Auparavant, c'était une mosaïque d'épreuves, un père inconnu, un beau-père violent qui s'est suicidé devant moi[1]... Cette nouvelle vie avec Jésus, je souhaite la vivre à fond. Et pour ça, j'ai besoin de modèles. Parmi ces modèles, je découvre saint François. Je suis touché par son changement radical de vie en pleine fougue de la jeunesse. Je décide de partir en auto-stop en pèlerinage à Assise. En quelques voitures, me voilà à Nice. Après une explication délicate avec les douaniers à la frontière vu mon âge, j'arrive le soir à Vintimille. Je cherche une église. À l'entrée, une personne fait la manche. Cela m'interpelle. Saint François envoyait ses frères mendier le pain pour rassasier les hommes affamés de donner des gestes d'amour. Est-ce que je

1. Voir le livre témoignage du père René-Luc, *Dieu en plein cœur*, Paris, Presses de la renaissance, 2018.

serais capable de mendier, comme les franciscains ? Je prie devant le tabernacle : « Jésus, est-ce que tu veux que je fasse ce soir l'expérience de la mendicité ? Donne-moi un signe. » À ce moment-là, la porte latérale droite de l'église s'ouvre et se referme seule. Sans doute un coup de vent. Intrigué, j'insiste : « Seigneur, si tu veux que je mendie, fais que la porte s'ouvre de nouveau maintenant ! » La porte s'ouvre à l'instant même. Je ne saurai jamais si c'était un signe de Dieu ou une simple coïncidence due à un appel d'air, mais ce que je sais, c'est que je l'ai interprété comme étant la volonté de Dieu. Je sors et là, je suis incapable. Incapable de tendre la main pour mendier. Je me mets à pleurer sur moi, sur mon orgueil. Je comprends que l'appel franciscain est vraiment particulier, que nous ne sommes pas tous capables de vivre cette radicalité au quotidien, et que seuls ceux qui sont appelés sont capables de le vivre toute une vie. Ce fut une grande leçon d'humilité. J'ai d'autant plus admiré le message de saint François, mais j'ai compris que je ne serai pas franciscain. Le lendemain, j'ai fouillé dans mes poches et je me suis acheté un billet de train pour Assise.

Depuis lors, j'ai un attachement particulier à la famille franciscaine et en particulier à ceux qui, comme frère Jack, partent sur les routes de la mission en vivant l'exigence de la mendicité. Il est sans doute plus facile de parler de la spiritualité de saint François en restant à l'abri des murs d'un couvent. Mais lorsque la cellule du franciscain prend régulièrement la forme d'un carton, le message du Poverello d'Assise fait un bond de mille ans dans le temps. Aujourd'hui comme au temps de François, frère Jack va à la rencontre de ceux qui se sentent les plus éloignés de l'Église, les marginaux, les SDF, les homosexuels, les punks, les prostituées, les étudiants, les barmen... Aujourd'hui comme au temps de François, frère Jack part toujours accompagné. Aujourd'hui comme au temps de François, frère Jack prie beaucoup et mange peu, rigole toujours et pleure souvent, prend dans ses bras cette femme en pleurs et console la religieuse qui a quitté les ordres. Aujourd'hui comme au temps de François, frère Jack est le chouchou de la Providence qui lui prend le nombre exact de billets de train au bon moment, ou qui lui prépare une excellente pizza napolitaine sortie du four. Aujourd'hui comme au temps de François, frère Jack ne trouve pas l'hospitalité auprès de certains couvents, mais il est accueilli comme un prince dans un squat.

Frère Jack marche avec « ses deux pieds » sur le chemin de l'Évangile que Jésus a tracé et que le saint d'Assise a réactualisé. Ne perdons pas de temps pour les suivre pas à pas !

Voici comment le Seigneur me donna, à moi frère François, la grâce de commencer à faire pénitence. Au temps où j'étais encore dans les péchés, la vue des lépreux m'était insupportable. Mais le Seigneur lui-même me conduisit parmi eux ; je les soignai de tout mon cœur ; et au retour, ce qui m'avait semblé si amer s'était changé pour moi en douceur pour l'esprit et pour le corps. Ensuite j'attendis peu, et je dis adieu au monde (Test I).

INTRODUCTION

> Évangéliser implique un zèle apostolique. Évangéliser présuppose dans l'Église l'audace de sortir d'elle-même. L'Église est appelée à sortir d'elle-même et à aller vers les périphéries, pas seulement géographiques, mais également celles de l'existence : celles du mystère du péché, de la souffrance, de l'injustice, celles de l'ignorance et de l'absence de foi, celles de la pensée, celles de toutes les formes de misère[1].
>
> Jorge Mario Bergoglio

Je n'ai pas trouvé de meilleure manière pour commencer ce livre que de citer ces célèbres phrases du cardinal Bergoglio, plus connu aujourd'hui sous le nom du pape François. « Évangéliser », « audace », « appel à aller vers les périphéries géographiques et existentielles » sont pour moi des mots-clés. Voilà ce dont je veux témoigner dans ce livre, qui ne développe pas des théories sur la mission ou des idées abstraites sur l'évangélisation, mais qui raconte, sous la forme de

1. Jorge Mario Bergoglio, Discours lors des congrégations générales qui ont précédé le conclave de mars 2013.

fioretti, l'œuvre de Dieu dans ma vie, à travers des expériences d'évangélisation « à la franciscaine ».

Il m'arrive très souvent de voir des visages surpris lorsque je me présente comme un missionnaire australien vivant en Europe. Les gens trouvent mon propos tantôt étrange, voire comique, tantôt menaçant ou dérangeant, mais aussi parfois réconfortant et encourageant. J'ignore où mon lecteur se situera. Cependant, pour vous aider à mieux me connaître, je voudrais vous partager une parole de Dieu qui m'est chère : « *Je ferai de toi la lumière des nations et tu porteras mon salut jusqu'aux extrémités de la terre* » (Is 49, 6). Depuis le jour où j'ai rencontré le Dieu de Jésus et me suis éveillé à sa présence, je ressens un appel à porter son salut et sa lumière jusqu'aux terres lointaines, à l'autre bout du monde. Pour l'Australien que je suis, les « extrémités », ce sont bien la Belgique et les nations européennes !

Depuis dix ans, je parcours les routes d'Europe, pérégrinant en Italie, Espagne, France, Luxembourg et Belgique, avec un sac à dos et sans argent, pour aller à la rencontre des gens. C'est ma manière de porter la lumière du Christ et son salut à ceux qui veulent bien m'accueillir. Je ne m'impose pas. Je me fais recevoir. Voilà pourquoi j'ai d'innombrables histoires et expériences de « foi en action » à raconter.

Les témoignages de missions racontés dans ce livre se situent dans le cadre d'une longue tradition franciscaine : elle date de plus de huit cents ans ! Je suis heureux de dire que je n'ai pas inventé la forme de vie que vous allez découvrir ici : je l'ai reçue de mes frères franciscains ; nous l'avons reçue de saint François, qui la tenait lui-même de Jésus-Christ et ses apôtres.

Comme Jésus, saint François (1182-1226) et ses frères étaient des hommes itinérants, en continuel mouvement. Ils prêchaient l'Évangile par un style de vie fraternel, pauvre, priant et pacifique. Les premiers franciscains étaient connus pour leur proximité vis-à-vis des pauvres et des marginalisés, pour leur joie dans la pauvreté, pour leur fraternité offerte à chacun, quel qu'il soit, et pour leur zèle apostolique à annoncer Jésus-Christ, Dieu fait homme.

Je suis un fils béni de la famille franciscaine. Comme beaucoup d'autres, je suis convaincu que saint François et sa spiritualité sont toujours d'une grande actualité aujourd'hui. C'est pour cela qu'au fil de cet ouvrage, des textes franciscains vous sont proposés afin de mieux vous faire connaître saint François et l'héritage qu'il nous a transmis.

Les récits que je partage avec vous dans les pages qui suivent, je les ai personnellement vécus. Rien n'a été inventé. Ils sont racontés au plus près de la réalité factuelle et spirituelle. Toutefois, pour des raisons de respect de la vie privée, certains prénoms ont été modifiés, ainsi que, parfois, des éléments de contexte.

Ce livre est le résultat d'un travail en tandem. Je n'exagère pas en disant qu'il n'aurait jamais vu le jour sans la collaboration de sa co-autrice, Claire Denoël. Grâce à sa rigueur, sa finesse, sa sensibilité de femme croyante, engagée dans le service social et dans l'Église, mes expériences de mission ont pu enfin trouver les mots pour se dire. Écrire ce livre avec elle fut une véritable aventure spirituelle, un cadeau de Dieu et un fruit inattendu du confinement covid.

J'invite maintenant le lecteur à mettre ses pas dans les pas de Jésus, comme dirait saint François, pour vivre avec mes frères et moi l'expérience de la mission franciscaine, et marcher vers l'inconnu.

SIGLES UTILISÉS

Écrits de François

Saint François se décrivait lui-même comme un homme « simple » et « illettré ». Cependant, il nous a laissé plusieurs écrits de genres différents : prières, lettres, règles, exhortations et testaments. Voici les références qui seront présentes dans cet ouvrage.

Adm	*Admonitions*
LMin	*Lettre à un ministre*
LOrd	*Lettre à tout l'Ordre*
PCru	*Prière devant le Crucifié*
1Reg	*Règle non bullata*
2Reg	*Règle bullata*
Test	*Testament*
VJ	*La vraie Joie*

Biographies et témoignages

Après la mort du saint d'Assise, de nombreuses biographies ont été écrites avec le désir de conserver son héritage au sein de l'Ordre franciscain. Les textes que nous citerons sont l'œuvre de frères quasi contemporains de François.

1C	*Vita prima* de Thomas de Celano
2C	*Vita secunda* de Thomas de Celano
CA	*Compilation d'Assise*
LM	*Légende Majeure* de saint Bonaventure
3S	*Légende des trois compagnons*
SP	*Miroir de perfection majeur*
Fior	*Fioretti* – ou *Actes du bienheureux François*

CHAPITRE I

LE DIEU CACHÉ

« Abandonne au Seigneur tout souci, et il prendra soin de toi. » C'était la phrase habituelle que François disait lorsqu'il envoyait un frère en mission... Lorsque le nombre de frères atteignit huit le bienheureux François les réunit tous autour de lui et leur parla longuement du royaume de Dieu et il leur annonça son projet de les envoyer dans les quatre parties du monde comme pour tracer un immense signe de croix. « Allez, dit-il, en annonçant la paix aux hommes, prêchez-leur la pénitence pour qu'ils obtiennent le pardon de leurs péchés. Soyez patients dans la difficulté, assidus à la prière, courageux au travail ; sûrs que le Seigneur accomplira son projet et sa promesse. À qui vous interroge, répondez humblement ; bénissez qui vous persécute ; rendez grâce à ceux qui vous font du tort et vous calomnient, car en échange de cela un royaume éternel nous est préparé. » (LM 3)

Rome en décembre. Nous sommes sur le point de quitter le couvent et de partir en mission, Clément, un jeune frère roumain, et moi. À cette époque, nous sommes tous les deux étudiants à Rome à l'Institut théologique du Seraphicum.

Cette mission, nous l'avons prévue de longue date : nous allons partir sans argent, sans nourriture, sans savoir où manger ni où dormir, dans un quartier défavorisé situé dans la banlieue de Rome. Nous sommes abreuvés de connaissances théologiques et bibliques et nous avons soif de vivre et de mettre tout cela en pratique.

Vers 10 h 30, alors que nous sommes en train de boucler notre sac à dos, Clément s'exclame : « Oh mon frère ! Regarde, il neige. Et à gros flocons ! »

Un de nos confrères, Blasio, éclate de rire : « Il ne neige jamais à Rome ! Vous n'avez vraiment pas de pot ! » Frère Luca, lui, trouve la situation moins drôle et s'inquiète : « Partir par ce temps ? Vous allez mourir de froid. Il faut que vous annuliez votre mission. »

Clément et moi traversons un moment d'indécision : nous sommes tétanisés à la vue du climat, et en même temps mal à l'aise à l'idée de tout annuler. « Il faut qu'on prie », dit Clément. Nous descendons tous les deux dans la chapelle. Après un temps de prière et avec un nœud dans l'estomac, nous décidons de rester fidèles à notre engagement. Nous quittons le couvent avec un signe de croix et nous mettons en marche vers la gare.

Nous voilà arrivés dans le quartier populaire : de grands immeubles grisâtres s'y dressent en ordre dispersé.

Nous arpentons les rues et peu à peu nous nous familiarisons avec le lieu. Tout en marchant, nous sommes à la recherche d'un emplacement qui pourrait nous servir d'abri pour la nuit, au cas où nous ne trouverions pas avant la fin de la journée un endroit où être accueillis.

À part explorer le quartier, Clément et moi, nous n'avons pas de programme précis ni d'horaire particulier. Nous avons du temps. Les franciscains, quand ils vont en mission de par le monde, ont l'habitude de visiter les églises. Cela leur donne un but en attendant une rencontre significative.

Vers 16 heures, c'est sur le parvis d'une église que nous rencontrons Pietro. Il vient de terminer son boulot et est encore en bleu de travail. Il attend sa femme, Francesca, qui prie le chapelet avec d'autres paroissiennes.

« Que faites-vous ici, dans notre église ? » demande Pietro. Je lui sors ma phrase standard de présentation : « Clément et moi sommes en mission "à la franciscaine". Nous sommes partis avec notre sac à dos, sans argent, sans nourriture et sans savoir où dormir pour vivre l'Évangile en faisant confiance à la bonté de Dieu et à la bonté de l'homme.

– Alors vous êtes franciscains ! Je voue une grande dévotion à Padre Pio », nous dit-il en nous montrant avec fierté la photo du saint dans son portefeuille, juste avant que Francesca ne sorte de l'église. Elle est très active dans la paroisse. « Comme c'est beau d'avoir des franciscains dans notre église ! Quand j'étais petite, chaque dimanche après la messe, nous invitions à déjeuner le prêtre franciscain. D'ailleurs si vous voulez manger chez nous ce soir, vous êtes les bienvenus. » Sans hésitation, nous acceptons l'invitation.

À 20 heures, nous arrivons chez Pietro et Francesca. Nous sommes accueillis chaleureusement par des effluves de cuisine qui enchantent nos narines. En entrant dans leur appartement, nos hôtes nous présentent Alessandro et Enrica, un couple ami, invités eux aussi à dîner.

Nous prenons place à table et Francesca sort les plats qu'elle a préparés : pâtes au pesto en entrée et *vital tone* (la succulente version italienne du rôti de veau) en plat principal. Avec un tel menu, il n'est pas difficile de mettre en pratique la règle d'or de tout franciscain : « *Qu'il leur soit permis de manger tous les aliments qu'on leur présente* » (1R 3).

« Savez-vous, mes frères, qu'Alessandro et Enrica viennent de se marier dans notre paroisse après plus de quinze ans de vie commune ? » dit Francesca. Enrica continue avec enthousiasme : « C'était un rêve depuis toujours. Surtout quand je pense à ma maman qui n'est plus avec nous. Elle a toujours voulu qu'on se marie à l'église. Et c'était important pour moi aussi. Je voulais que Dieu soit présent dans notre vie de couple et je sentais que nous n'étions pas en règle avec lui. » Je lui réponds : « Félicitations ! Cela a dû être quelque chose de fort de vous marier avec vos deux enfants à vos côtés. »

Alessandro ajoute : « Mon frère, je te jure, le chemin vers le mariage n'a pas été évident. Quand je pense à la manière maladroite avec laquelle le curé nous a accueillis, un véritable interrogatoire ! Et toute cette procédure pour que l'Église déclare nul mon premier mariage ! Je l'ai fait pour Enrica : je suis un sacré veinard de vivre avec elle, mais je t'avoue que plus d'une fois, j'ai failli renoncer à toutes ces démarches. »

Francesca coupe son ami et défend son curé : « Notre curé est quelqu'un de bien, mais il est surchargé. Il a besoin de notre soutien spirituel car le diable ne dort pas. »

« À propos de dormir, mes frères, où pensez-vous passer la nuit ? J'espère que vous allez pouvoir trouver un endroit bien couvert », nous dit Pietro. Espérant qu'il nous propose un petit coin dans leur appartement, je réponds : « Nous n'avons pas vraiment trouvé d'endroit pour passer la nuit. » Et à ce moment-là, douche froide : « Alors, peut-être faudrait-il que vous vous dépêchiez si vous voulez trouver un lieu où dormir. »

Je fais de mon mieux pour afficher un sourire, cacher ma déception et la peur du froid : « Je pense que tu as raison Pietro. Il commence à se faire tard. » Ensemble, nous rendons grâce à Dieu pour le repas et nous nous disons adieu.

En descendant les escaliers de leur immeuble, Clément me confie : « Je croyais vraiment qu'ils allaient nous accueillir.

– Moi aussi, mon frère. Pourtant c'est leur liberté. Nous ne pouvons pas exiger un accueil. »

En ouvrant la porte de l'immeuble, nous sentons le vent qui nous heurte de plein fouet. Nous frissonnons, l'air est glacial. La température a continué de baisser. Tout est blanc et il est 23 heures.

Après une petite heure de marche, nous retrouvons un endroit vaguement repéré dans la journée, juste devant la grille d'un marché public couvert. Nous déployons nos cartons par terre et faisons de notre mieux pour nous protéger du vent. Pendant que nous nous glissons dans notre sac de couchage, une ombre sort de la nuit et crie d'un ton agressif : « Qu'est-ce que vous foutez là ? »

Nous apercevons de l'autre côté de la grille un homme grand, les épaules larges, incroyablement baraqué. Nous lui expliquons que nous sommes des frères franciscains : « Nous sommes en mission, nous avons quitté notre couvent sans argent, sans nourriture, sans adresse où dormir.

– Je ne vous crois pas. Comment vous appelez-vous ? » Mon jeune frère roumain décline son identité et je poursuis : « Je suis un vrai frère franciscain, je m'appelle frère Jack Mardesic. » L'homme répète : « Mardesic ? Mardesic ! D'où viens-tu ?

– Je suis né en Australie, mais mes parents sont d'origine croate. » Il commence alors à me parler dans sa langue, je comprends quelques mots et lui réponds en croate. Il est originaire de Macédoine, une région qui faisait partie de l'ex-Yougoslavie, comme la Croatie.

Sa voix rude contraste avec son regard aimable. Il nous adresse à tous les deux un grand sourire qui fait fondre la glace ! « Jetez vos cartons, les gars, venez avec moi. »

Il force la grille du portail du marché couvert et nous invite à le suivre le plus discrètement possible. Nous traversons un dédale de ruelles avec l'impression d'être en territoire interdit, défendu. Nous arrivons devant son squat. Il nous y fait entrer, ferme bruyamment la porte et allume la lumière. Nous sommes chez Igor. Il y a un lit à deux places, du bric-à-brac et du chauffage. Quel bonheur !

« Avez-vous faim ? Il faut que vous mangiez quelque chose.

– Merci beaucoup, Igor, mais nous venons de dîner, lui dit Clément.

– Non, non, il faut que vous mangiez quelque chose. Il fait froid et ça vous fera du bien. Installez-vous. Mettez-vous à l'aise. Ma maison est votre maison. Toi, frère, tu peux dormir ici sur mon lit, et toi de l'autre côté. Moi, je vais m'installer dans le coin sur les coussins. »

Entre-temps, Igor réchauffe de la soupe et des lentilles. Je n'en reviens pas de me trouver dans le squat d'un Tzigane à minuit !

« Merci de nous accueillir, Igor. On est beaucoup mieux ici à l'intérieur. Ça caille dehors ! dit Clément.

– T'inquiète. Nous, les pauvres, il faut qu'on s'aide. Le monde est cruel et sans pitié. Croyez-moi, je le sais. J'ai passé neuf ans en prison. J'ai tabassé des gens et je me suis fait tabasser. Parfois c'était pour le plaisir, d'autres fois pour des nanas ou encore pour me faire respecter. Si les gens ne te respectent pas, ils te marchent dessus. »

Igor a la tchatche ! Je l'interroge : « Et la prison ?

– C'était pour la vente de drogue. J'avais beaucoup de clients, un fameux business ! J'ai surkiffé, j'ai gagné beaucoup de fric mais moi la drogue, je n'en prenais jamais. Ça te bousille le cerveau et en plus, pour un musulman comme moi, c'est interdit. Vous devriez être musulmans. Vous avez lu le Coran ?

– Pas en entier, dis-je. Peut-être un jour, mais je n'ai pas encore appris tout ce qu'il y a à apprendre sur Jésus-Christ. D'ailleurs je suis heureux d'être son disciple. Tu sais, Igor, je faisais partie des gens qui se bousillent le cerveau avec de la drogue. J'étais moins futé que toi : j'en ai consommé et je me suis perdu là-dedans. Mais un jour, j'ai rencontré l'amour de Dieu annoncé par Jésus et ça a changé ma vie. »

Igor écoute attentivement et dit : « Tu es sur le bon chemin. Moi aussi, il faut que je retourne sur le bon chemin. Il faut que je change parce que je serai bientôt papa. Il faut que je sois un vrai modèle pour mon fils. Si Dieu le veut, demain matin, vous ferez la connaissance de ma copine. Elle sera contente de vous rencontrer. »

Le lendemain au réveil, tard dans la matinée, quelqu'un frappe à la porte du squat. Igor ouvre et me présente sa compagne dont le ventre s'est joliment arrondi. « Voici mon trésor ! Elle s'appelle Suzanna. »

« Veux-tu que je bénisse votre bébé ? » C'est un oui franc et massif ! J'impose les mains d'abord sur le ventre et puis sur la tête de Suzanna, ensuite je bénis Igor qui insiste : « Ce soir, vous dormez ici. Ma maison est votre maison. »

* * *

« *Mais un Samaritain qui voyageait arriva près de lui et fut rempli de compassion lorsqu'il le vit* » (Luc 10, 33).

La parabole du bon Samaritain, je la connaissais, bien sûr. Mais dans cette banlieue de Rome, c'est dans mes tripes que je l'ai vécue !

Ce soir-là, dans ce squat, Dieu a renversé les images étroites que j'avais de lui. Je l'ai rencontré en dehors de l'Église, là où je ne l'attendais pas. Je m'attendais à être accueilli chez des chrétiens, mais c'est un musulman tzigane, macédonien, squatteur et ex-criminel qui m'a offert son aide, comme le bon Samaritain. La présence divine se manifeste sur le visage d'un autre très différent de moi.

Depuis lors, le Dieu incarné en Jésus-Christ que je connais dans l'Église et grâce à l'Église est devenu la clef de lecture qui m'ouvre à la présence divine en tout homme, catholique ou non, chrétien ou non. Aujourd'hui, ma relation avec le Christ dans l'Église me projette au-delà de sa structure et de ses frontières apparentes pour rencontrer Dieu dans le monde qu'il a choisi comme demeure.

CHAPITRE 2

DIEU OUI, L'ÉGLISE NON

> Le Seigneur me donna une telle foi dans les églises que je priais ainsi simplement et disais : « Nous t'adorons, Seigneur Jésus-Christ et, dans toutes les églises qui sont dans le monde entier, nous te bénissons. » Après cela, le Seigneur me donna et me donne une si grande foi dans les prêtres qui vivent selon la forme de la Sainte Église romaine, à cause de leur ordre, que même s'ils me persécutaient je veux recourir à eux. Et ceux-là et tous les autres, je veux les craindre, les aimer et les honorer comme mes seigneurs. Et je ne veux pas considérer en eux le péché, car je discerne en eux le Fils de Dieu et ils sont mes seigneurs (Test 4).

Espagne, Catalogne.

Frère Antonio et moi passons quatre semaines de mission dans quatre villes différentes, frappés tantôt par l'anticléricalisme ambiant, tantôt par un climat de totale indifférence. Pour nous rapprocher des habitants, nous allons dormir chez eux dans leur maison, ou dehors à leurs côtés s'ils vivent dans la rue.

Par une matinée ensoleillée, frère Antonio me propose d'aller marcher dans un parc sur les hauteurs de la ville de Terrassa.

Nous venons de passer un long temps de prière et de méditation dans une église. En marchant, Antonio et moi échangeons nos réflexions sur la parole de Dieu. Je lui dis : « Je suis frappé par l'activité missionnaire des premiers chrétiens, entièrement tournés vers l'annonce de Jésus-Christ. Grâce à ce que nous vivons en mission, je sens que la Bible devient vivante.

– Moi aussi, me répond Antonio. En priant la Bible ce matin, j'ai eu l'impression de la comprendre de l'intérieur. C'est comme si elle était écrite pour moi. »

Nous arrivons au parc. Il est désert, sauf une jeune fille, assise sur un banc, le visage sombre, avec un couteau à la main. Du sang coule sur son bras.

« Antonio, qu'est-ce qu'elle fait ? Elle se coupe les veines ? Elle est en train de se mutiler ? »

Ni une ni deux, instinctivement, je me dirige vers la jeune fille qui doit avoir à peine 18 ans : « Excuse-moi, on cherche la place de la cathédrale. Peux-tu nous aider ? » Elle détache un instant son regard de son bras qui continue à saigner et me fixe de ses yeux tristes. Puis, bêtement, je lui demande : « Ça va ? Qu'est-ce que tu fais là ? » Sans dire un mot, elle se lève, se dirige vers l'autre côté du parc et s'assied sur un autre banc. Elle recommence à se tailler le bras avec son couteau.

« Antonio, elle va certainement toucher une veine. Il faut faire quelque chose.

– J'ai une idée », dit Antonio. Il pose son sac à dos par terre, court et grimpe dans l'arbre à côté du banc de la jeune fille. Je suis impressionné par la souplesse de mon frère qui, malgré son âge et surtout sa bure franciscaine, arrive à se hisser très haut. Il grimpe, grimpe et grimpe ! Il finit par s'asseoir sur la plus haute branche, laisse pendre ses jambes de part et d'autre, puis se met à chanter une mélodie espagnole. La fille est bouche bée devant cette scène complètement surréaliste : un franciscain en bure sur un arbre perché ! On dirait qu'elle oublie un instant sa souffrance. Je m'approche d'elle une deuxième fois et lui dis : « Tiens bon. Dans la vie, les choses changent. » J'aurais certainement pu être plus imaginatif, mais, sur le moment, aucune parole plus inspirée n'est sortie de ma bouche.

La fille esquisse un sourire timide, se lève et nous quitte. Je suis un peu sonné par ce que vient de se passer. Et maintenant, il faut trouver un moyen pour aider mon frère Antonio à descendre de l'arbre ! La bure n'est pas l'équipement idéal du grimpeur !

Après un repas frugal et, selon la tradition franciscaine, une petite sieste, Antonio et moi nous dirigeons vers le centre de la ville de Terrassa. Nous traversons la place de la cathédrale, avec ses terrasses bondées en ce beau jour d'été. J'aperçois deux femmes assises dans un bar. L'une des deux, un peu ronde, a des yeux vifs, un large sourire, des cheveux rouge écarlate, des vêtements flashy. Dès que nos regards se croisent, je lui fais un petit sourire. Ça y est ! Elle a réagi. Je me dirige vers leur table pendant qu'elle prévient son amie qu'un « moine » s'approche. Avec une phrase apprise par cœur, je balbutie : « *Nosotros somos dos frailes franciscanos* (nous sommes deux frères franciscains). » Je vois qu'elle trouve « mon pauvre espagnol » drôle et sympathique.

« D'où viens-tu ? » m'interroge la femme aux cheveux rouge écarlate, qui s'appelle Paola. Elle parle français. Je lui demande, avec un peu de culot, si nous pouvons nous asseoir à leur table. Elle n'ose pas dire non. Dès que nous sommes assis, elle déclare tout de go : « Je suis féministe, communiste. Votre Église catholique est dégoûtante. » « *Maloliente, repugnante, aborrente* », précise-t-elle en roulant les r et en regardant frère Antonio. Elle poursuit :

« L'Église catholique a volé, tué, massacré, dominé. C'est ce qui est arrivé de pire dans l'histoire. » Elle nous vomit tout cela avec en arrière-fond la cathédrale. « On a un fameux challenge à relever » : voilà ce que je me dis en l'écoutant !

Elle s'en prend ensuite à l'évêque « dans sa tour d'ivoire, préoccupé uniquement par les bâtiments et l'argent, mais qui se fout complètement des pauvres et des femmes ». Elle parle comme une mitraillette. Nous essayons de rester calmes et de lui laisser le temps de vider son sac. Avec les gens en colère, il est souvent possible de discuter, d'arriver à un dialogue profond, une fois que la passion a pu s'exprimer. Il est finalement plus difficile de parler avec des personnes indifférentes.

Nous l'écoutons, puis elle enchaîne : « Pouvons-nous vous offrir quelque chose à boire, à manger ? » Yes ! Dans la mission itinérante, un seul mot d'ordre ! Toujours dire oui dès que quelqu'un vous propose de vous asseoir, de vous offrir quelque chose... Bref, accueillir le geste de bonté pour créer la relation.

Son ton de voix s'apaise petit à petit. « Et vous ? Qui êtes-vous ? Que faites-vous dans la vie ? » Notre patience a porté ses fruits : à notre tour de parler.

Avec des mots chargés d'enthousiasme et d'énergie, nous témoignons de ce que nous sommes en train de vivre. « Nous faisons confiance à Dieu et nous vivons des choses incroyables ! Par exemple, ce matin, nous étions dans un parc et nous avons vu une jeune fille seule en train de se tailler les veines. Nous avons essayé de lui parler et puis pour la distraire, frère Antonio a grimpé dans un arbre pour lui chanter une chanson ! » Les deux femmes, les yeux écarquillés, nous écoutent attentivement. « Nous nous rendons compte qu'il y a souvent un fossé entre l'Église institutionnelle et les gens. Nous sommes un peu des passerelles. Nous sentons que par notre témoignage franciscain, nous pouvons rendre l'Église présente là où elle n'est pas. »

Paola est à la fois perplexe et touchée par notre démarche de pauvreté et d'obéissance, par notre style de mission. « C'est si inhabituel de voir ça chez les gens d'Église. Vous oui, l'Église non. »

Je souris, car les gens nous disent souvent cela. Antonio lui répond : « Vous aussi, vous appartenez à l'Église. L'Église, ce n'est pas seulement les prêtres et les évêques. Vous êtes l'Église. »

En parlant ainsi, Antonio passe de l'Église perçue comme « institution, hiérarchie » à l'Église « peuple de Dieu » mais visiblement, elles ne sont pas convaincues.

La conversation se poursuit avec Paola. Je lui cite une phrase de Jésus : « *Bienheureux les pauvres de cœur...* » Un moment de froid : je vois tout de suite que cela lui déplaît. Elle est prête à m'interrompre, puis me regarde avec une certaine tendresse, se retient et me dit : « Non, je t'aime bien, je n'ai pas envie de te blesser. »

Nous parlons longuement tous les quatre. Et finalement, Paola, la femme communiste aux cheveux rouge écarlate, qui traitait l'Église de tous les noms, nous invite à dormir chez elle !

* * *

Comment se fait-il que des personnes non pratiquantes, à la réputation et aux mœurs parfois douteuses, passaient du temps à table avec le prophète Jésus de Nazareth, sans se sentir jugées ni agacées par lui ? Curieux, non ? L'enseignement de Jésus, son message exigeant, son style de vie étaient parfois à des années-lumière de leur manière de penser et de faire.

Pourtant, quand je regarde Jésus, je le vois heureux d'être avec tous ces convives, de même qu'eux étaient heureux d'être avec lui. C'était souvent à table, en mangeant et en buvant, qu'il manifestait aux hommes la proximité et l'amour de Dieu, ainsi que son projet de paix. Jésus avait le sens du repas et de la convivialité : à Cana, il n'a pas transformé le vin en eau !

La table est un lieu privilégié pour créer et exprimer la fraternité. Un lieu où les murs idéologiques peuvent tomber, quand on prend le risque de parler avec son « adversaire », en face-à-face. Comme dans l'épisode avec Paola, la table offre souvent un cadre fraternel qui nous permet de nous exprimer, de nous raconter et de nous confronter. L'ennemi d'aujourd'hui pourrait même devenir l'ami de demain.

CHAPITRE 3
AUX PÉRIPHÉRIES

Une fois, aux environs de minuit, alors que tous dormaient dans leurs lits, un des frères se mit à crier : « Je meurs ! » Stupéfaits et effrayés, tous les frères se réveillèrent. Se levant, le bienheureux François dit : « Levez-vous, frères, et allumez une torche ! » Et après qu'une torche eut été allumée, le bienheureux François demanda : « Quel est celui qui a dit : "Je meurs" ? » Le frère en question dit : « C'est moi. » Le bienheureux François lui dit : « Qu'as-tu, frère ? De quoi meurs-tu ? » Et il répondit : « Je meurs de faim. » Pour que ce frère n'éprouve pas de honte à manger seul, le bienheureux François, en homme plein de charité et de discernement, fit aussitôt dresser la table et tous mangèrent pareillement avec lui (CA 50).

Dans la mission, tout n'est pas toujours glorieux ni facile. Il arrive que l'on traverse des moments creux, des périodes où rien ne se passe. Dans ces moments-là, nous sommes comme les disciples de Jésus le matin du Samedi saint, emplis de désarroi.

Ainsi, un jour, je suis avec frère Antonio dans la ville espagnole de Sabadell. Nous visitons les lieux les plus fréquentés, en cherchant comme d'habitude la rencontre par le regard et le sourire franciscain. Mais il ne se passe rien ! Pas de contact significatif. Beaucoup d'indifférence. Nous traversons plusieurs fois places et terrasses en saluant les gens... nada. Je me sens tout à coup décalé avec ma bure du Moyen Âge et mon sac de pèlerin dans cette ville moderne, high-tech, au milieu de gens chics, bien habillés. Nous nous asseyons sur un banc public, à côté de quelques personnes, dans l'espoir d'entamer une conversation. Toujours rien ! Ils nous font même comprendre que nous les embêtons, et ils s'en vont. L'ambiance commence à devenir pesante. Difficile de garder notre sourire franciscain !

Antonio et moi sommes silencieux, *down*. Alors arrive le combat contre le doute et le découragement. Pire que l'indifférence ou les refus, des pensées négatives nous assaillent : « Mais bon sang, qu'est-ce qu'on fout ici ? J'ai envie de rentrer. Notre mission ne sert à rien. »

Dans de tels moments, une seule et unique chose compte : conserver la paix. « *La paix que vos bouches annoncent, ayez-la plus encore en vos cœurs* », disait saint François. Si je maintiens intacte ma confiance en Dieu, je peux avancer malgré la difficulté. Par contre, si je la perds et cesse de dépendre de lui, je suis paralysé, car je ne dispose plus que de mes seules et misérables forces pour faire face à la situation.

Pour tourner la page de cette journée ennuyeuse, Antonio fait une proposition : « Pourquoi ne pas aller demain en pèlerinage à la grotte de la Vierge de Montserrat ? » Il pointe du doigt la montagne à l'horizon. Sa forme taillée et sciée m'intrigue. Sans la moindre hésitation, je lui réponds : « Allons-y, ce n'est pas le temps qui nous manque ! Confions la mission à la Vierge, demandons-lui un coup de pouce. »

Levés de bonne heure, nous marchons vers un carrefour fréquenté pour faire du stop. Nous sommes pris immédiatement. Nous nous serrons dans une toute petite voiture après avoir tant bien que mal fourré nos gros sacs dans le coffre. Notre conductrice nous dépose dans le parc naturel au pied de la montagne. Petit selfie tous les trois, puis départ pour la montée de Montserrat.

Nous marchons dans les bois. Personne ! Pas âme qui vive ! La nature est belle, le sentier de randonnée agréable, surtout après autant de temps passé en ville. À chaque pas, nous respirons des senteurs différentes. Nous arrivons à un lieu de pique-nique, où nous apercevons un homme qui contemple la forêt. Il nous regarde du coin de l'œil. Nous poursuivons notre chemin, mais l'homme nous rattrape et marche maintenant à nos côtés. Il est intrigué :

« Pardonnez-moi, mais vous êtes sérieux ? dit-il d'un air ironique.

– Bien sûr qu'on est sérieux. Nous sommes des frères franciscains. »

Lui : piercing, tatouage, look assez soigné, veste et pantalon en cuir noir. Il s'appelle José. Quand il parle, il est expressif et fait de grands gestes. José ne comprend toujours pas qui nous sommes. « Frère Tuck dans le film Robin des Bois, ça te dit quelque chose ? Eh bien, c'est nous ! » Il nous fixe, interloqué, puis poursuit : « Frères franciscains ? Je croyais que c'était une espèce complètement disparue. Il existerait donc encore quelques jeunes spécimens sur terre ?! »

Il rit alors aux éclats. « C'est trop marrant de croiser deux moines ici. Regardez ce que j'ai. » Nous nous arrêtons pour contempler le tatouage qu'il nous montre sur son avant-bras droit. « Ça, c'est mon alter ego ! » Le tatouage représente une religieuse toute nue (en tenue d'Ève, dirons-nous), portant un voile. Antonio et moi échangeons un regard. Le seul marcheur sur lequel nous tombons de toute la matinée est vraiment original.

« Vous êtes donc catholiques : bonjour les tabous, les interdictions, la peur du sexe. Non merci ! Heureusement, je suis libéré de tout cela, fini de refouler mon homosexualité », lance-t-il d'un air de défi.

Notre respiration devient haletante : la montée est rude, notre interlocuteur aussi. Je lui réponds : « C'est curieux que tu dises cela. Moi, j'ai une tout autre expérience de l'Église. Depuis ma rencontre avec Jésus, je me sens beaucoup plus libre au niveau de ma sexualité, et pourtant je n'ai pas de relations sexuelles. Je ne me sens pas du tout refoulé. Au contraire, j'ai la conviction que Jésus a transformé ma sexualité. C'est son job. Il ne la détruit pas, mais il la transforme. » Il répond du tac au tac : « Non, décidément, je n'ai rien à voir avec votre club hétéro. »

Nous atteignons un carrefour où nos routes se séparent. « J'ai envie de vous inviter à manger chez moi. Ça vous tente ? » propose José. Évidemment, nous répondons oui. Nous marchons une trentaine de minutes, la journée monotone d'hier est décidément loin derrière nous. En sortant des bois, nous arrivons, comme par enchantement, dans un tout petit village, une poignée de maisons au milieu de nulle part.

Nous entrons chez lui. Il nous présente son compagnon, Matteo, un Italien originaire de Rome. Matteo arrive à peine à maîtriser son langage corporel, tant il est surpris et perplexe devant deux frères franciscains qui débarquent chez lui pour déjeuner ! Tandis que nous épluchons ensemble les patates, je sens le regard scrutateur de Matteo : il m'observe et m'analyse. Matteo a 39 ans, il est mince et élancé. Son visage, sérieux, est marqué par la vie. Différent de José, il semble beaucoup plus posé et réservé.

Le repas est prêt : tortilla, gaspacho et autres spécialités espagnoles. Nous nous installons sur la terrasse : la vue sur le massif de Montserrat est tout simplement divine.

En me servant un verre de vin blanc, Matteo déclare d'un air faussement sérieux : « J'ai une grande révélation à vous faire ! Interdiction formelle de rigoler ! Je dois vous avouer que j'ai été enfant de chœur, avec même une longue carrière d'enfant de chœur ! Je vidais les burettes en cachette. Oui, José, tu comprends mieux maintenant ma passion pour le vin blanc ! Ma famille est très catholique et je l'ai été moi aussi.

– Et alors ? Qu'est-ce qui s'est passé ? lui demande Antonio.

– J'ai caché ma sexualité à mes parents pendant longtemps, car je craignais leur jugement. Et le jour où je n'ai pas pu continuer à vivre ainsi et où je leur ai dit que j'étais en couple avec un homme, ils m'ont éjecté de la famille. Je n'ai de contact qu'avec ma sœur. Depuis lors, j'ai cessé de croire en Dieu. »

José, tout indigné, commente sur un ton moqueur: « C'est absurde. Mettre ta foi dans un Dieu qui te donne une sexualité, pour ensuite te condamner parce que tu la vis. » Antonio lui rétorque: « Attends, mon frère, ne parlons pas trop vite de condamnation. La sexualité est un don de Dieu. Personne n'échappe aux combats. Dieu nous donne l'Esprit de son Fils pour nous aider à y mettre un peu d'ordre et pour qu'elle soit une force d'amour qui engendre la vie. »

Matteo continue: « Pendant des années, j'ai milité activement et de manière violente pour la cause homosexuelle. Je cherchais constamment la confrontation avec les prêtres et les évêques. Je suis allé jusque chez l'évêque pour exiger que mon nom soit supprimé du registre baptismal. » Surpris, je m'exclame: « Tu as fait ça ?

– Oui. J'ai un peu hésité quand l'évêque m'a prévenu que, si je le faisais, je n'aurais plus droit à des funérailles chrétiennes, ni à être enterré dans un cimetière chrétien. Quand je l'ai entendu, ça m'a fait un choc. J'ai compris que c'était pour toujours, mais j'étais tellement en colère que je n'ai pas cédé. Ça va faire quinze ans déjà. Aujourd'hui, j'agirais autrement. Je me suis laissé guider par la colère. J'ai exagéré. Je n'aurais pas dû. »

Immédiatement, nos antennes, à Antonio et à moi, se mettent à vibrer. Nous sentons qu'il y a comme une ouverture, un désir de réconciliation. Nous cherchons le moment propice pour parler individuellement à Matteo.

José se lève pour préparer le café et je pars avec lui pour qu'Antonio puisse être seul avec Matteo. Antonio lui dit : « Aujourd'hui, tu as un prêtre dans ta maison. Souhaites-tu le sacrement de la réconciliation ? Veux-tu faire la paix avec Dieu ? » Matteo réfléchit et répond : « Pour le moment, je ne me sens pas prêt, mais je veux bien ta bénédiction », puis il incline la tête pour recevoir la prière d'Antonio.

José et moi retournons à table pour déguster un bon café tous les quatre. Après avoir partagé quelques blagues et anecdotes, nous nous disons au revoir. Nous quittons ce petit village « au milieu de nulle part » et reprenons le chemin dans la montagne en direction du sanctuaire de la Vierge de Montserrat.

Rencontre aux périphéries, comme le dit si bien François (pas le Saint, cette fois, mais Sa Sainteté).

* * *

Existe-t-il un coin sur terre hors d'atteinte de l'amour de Dieu ? Peut-on effacer définitivement l'image de Dieu en nous ? Existerait-il un péché trop grand pour sa miséricorde ? Si nous répondons « non » à ces questions, alors nous devons proclamer à haute voix et avec enthousiasme que « nul n'est trop loin pour Dieu » et que, par conséquent, « nul ne devrait être trop loin pour l'Église ».

Lettre de saint François à un ministre[1]

Que le Seigneur te bénisse.
Voici à quoi je reconnaîtrai que tu aimes le Seigneur, et que tu m'aimes, moi, son serviteur et le tien : si n'importe quel frère au monde, après avoir péché et autant qu'il est possible de pécher, peut rencontrer ton regard, demander ton pardon, et te quitter pardonné. S'il ne demande pas pardon, demande-lui, toi, s'il veut être pardonné. Et même si après cela il péchait encore mille fois contre toi, aime-le plus encore que tu m'aimes, et cela pour l'emmener au Seigneur.

1. Les supérieurs de l'Ordre franciscain sont appelés « ministres », terme qui étymologiquement signifie « serviteur ».

CHAPITRE 4

JE CHERCHE TA FACE

En voyage ou à demeure, à l'intérieur et à l'extérieur, au travail et au repos, François était à ce point appliqué à la prière… que ce n'était plus un homme qui priait, c'était la prière faite homme ! (LM 10 ; 2C 95).

La mission est toujours intense. Les rencontres et les sollicitations sont multiples. Il fait chaud, nos sacs deviennent lourds avec le temps. Nos épaules et notre dos se fatiguent. Nos rythmes habituels sont chamboulés. Nous ne savons jamais si nous allons manger, ni quand. Seule une chose est inamovible : notre vie de prière, matin, midi et soir.

À la sortie d'une messe de semaine à San Jugat, en Catalogne, un couple d'allure très chic, qui avait assisté également à la célébration, nous aborde. Après que nous leur avons expliqué que nous sommes en mission, ils nous proposent de venir dîner le soir chez eux. Nous arrivons devant le portail de leur grande maison et sommes accueillis chaleureusement. Nos hôtes nous invitent à nous installer dans leur beau jardin au bord de la piscine à débordement, d'un bleu turquoise magnifique.

Ciel, que de monde ! Profitant de la présence inhabituelle de deux franciscains dans leur ville, Jorge et Julia ont invité pour un repas festif la famille élargie, frères et sœurs, cousins, enfants, ados et jeunes adultes. Ils veulent par là nous honorer, et en même temps ils ont à cœur que nous partagions nos expériences religieuses à leurs enfants. Nous avons ainsi souvent des « complices » et partenaires dans la mission !

Tous les adultes sont profondément croyants. Certains jeunes se posent des questions, d'autres disent avoir complètement perdu la foi. Gonzalo par exemple, étudiant en biologie marine, commence une discussion avec son cousin sur l'existence de Dieu, et me dit : « C'est prétentieux de croire, comme font les chrétiens, que l'homme est au centre de l'univers. Rappelez-vous Galilée et la révolution copernicienne ! Je n'ai pas besoin de Dieu pour me consoler face à l'insignifiance de la vie humaine dans l'univers. » Son cousin ingénieur, Daniel, réagit : « Mec, tu comprends pas. C'est justement parce qu'il y a un univers qu'on croit. La question n'est pas de se consoler, mais de reconnaître que tout ça – il indique de la main le ciel et la terre – ne peut pas exister par pur hasard. » Gonzalo rétorque vivement : « Et alors, quel Dieu ? Pourquoi le Dieu des chrétiens et pas celui des musulmans ou des bouddhistes ? Et pourquoi un seul Dieu ? Pourquoi pas les dieux des Grecs ou des Romains ou des Celtes ? »

La cloche sonne : « À table ! » On sent de loin la bonne odeur de la paella qui nous attend. Lorsque nous sommes à table, nos hôtes prennent la parole devant leurs convives : « Frère Antonio et frère Jack, pouvez-vous nous raconter, s'il vous plaît, qui vous êtes et ce que vous faites ? » Je vois l'air blasé de Gonzalo, qui lève les yeux au ciel. Il a déjà dû écouter pas mal de prêtres dans sa vie, mais par politesse, il nous regarde et nous prête son attention. Antonio et moi sortons nos histoires les plus frappantes : une rencontre incroyable avec un dealer tard dans la nuit et un accueil inattendu chez un couple d'homosexuels. Je sens que les jeunes sont scotchés. Même Gonzalo écoute attentivement. J'ai compris ce jour-là à quel point il était important de « gagner le respect » des non-croyants si l'on veut qu'ils soient attentifs à notre message.

On a passé des heures à écouter et à parler avec les jeunes. Eux aussi, finalement, voulaient partir sur les routes avec un sac à dos.

Après les jeunes, le « travail » a continué. Les adultes voulaient nous voir avec leurs questions, leurs soucis. Un couple qui ne pouvait pas avoir d'enfant sollicitait notre prière. Un autre avait un enfant malade et voulait qu'on lui impose les mains. Certains demandaient le sacrement de réconciliation, d'autres encore une écoute, tous une bénédiction.

Le lendemain, après cette soirée belle et intense et un petit-déjeuner copieux, nous quittons Jorge et Julia et nous dirigeons vers l'église la plus proche. Les églises, dans ces villes animées, sont des lieux de repos, de méditation, de prière. Nous avions besoin de silence, de recul et de tout remettre entre les mains de Dieu. Nous nous étions beaucoup donnés, nous avions besoin d'être seuls avec lui, de l'écouter nous parler à travers sa Parole, ainsi qu'à travers les événements de notre vie. Comme aurait dit saint François, il est important « *de garder l'esprit de la prière* ».

Antonio et moi, nous nous séparons et nous donnons rendez-vous une heure et demie plus tard. Sortis du silence de la prière, renouvelés et joyeux, nous marchons en ville à la recherche de la rencontre, convaincus qu'avec notre bure et notre sac à dos, nous pourrons attirer l'attention de quelqu'un.

Nous croisons un groupe animé. Trois hommes sont assis sur les marches d'une maison et deux autres debout, tous une bière à la main. Ils ont un look punk : coiffure crête-de-coq, cheveux colorés, tatouages, piercings. Comme cela arrive souvent, ils font des blagues sur les curés et crient pour qu'on puisse les entendre : « C'est le carnaval ou quoi ? » L'un d'eux, pour se moquer de nous, fait semblant de se marquer du signe de croix, puis lève les mains vers les cieux dans une parodie de geste de prière.

Antonio et moi recherchions la rencontre... Bingo, ils ont mordu à l'hameçon ! Sans hésitation et à leur grande surprise, nous nous dirigeons droit vers eux pour leur parler. L'un d'eux me demande : « T'as quoi sous ta jupe ? », pendant que les autres rigolent comme des gamins. Avec un grand sourire, je lui réponds : « Tu oses te moquer de ma jupe ! T'as vu ta tête avec ta coiffure de perroquet ? » Ses amis éclatent de rire et je sens que nous avons gagné leur confiance et leur sympathie.

Nous leur demandons ce qu'ils font dans la vie. « Nous venons de sortir de prison. Nous sommes hébergés chez nos deux potes. On a déconné. Tu sais, on voulait faire les malins et ça a marché pendant un temps, mais on s'est fait attraper par ces putains de flics et maintenant on est dans une grosse merde. » J'essaie tant bien que mal de garder mon sérieux devant ce langage vif et imagé.

Pendant que nous parlons, un des hommes assis fixe son regard sur la croix qui pend au cordon de ma bure. Il la prend dans ses mains et la touche avec tendresse. Un moment pareil, il faut le saisir : je lui propose de prier. Nos échanges passent tout à coup à un autre niveau. Je l'invite à se lever. Ses potes regardent la scène en souriant, car leur ami se fait attraper par un curé. Les mains posées sur sa tête, je commence à prier pour lui. Je ressens fortement sur nous les regards de ses amis et de tous les passants, tandis que l'homme tient fermement en main la croix attachée à mon habit. Des larmes coulent sur ses joues. Il ferme les yeux et commence à se détendre, à se balancer. À ce moment-là, je prends peur en pensant à la réaction violente de ses amis s'il tombait par terre, dans « le repos de l'Esprit ». Je mets immédiatement ma main derrière son épaule pour éviter une chute éventuelle. Il ouvre les yeux, m'adresse un regard profond et intense, puis me prend dans ses bras et me serre fort, tout en gardant la croix en mains.

Ses amis nous regardent avec étonnement. Avec un sourire, plein de confiance, je leur demande s'ils veulent aussi que je prie pour eux. Ils acceptent l'un après l'autre la proposition. Frère Antonio et moi, nous imposons les mains en pleine ville, en invoquant la bénédiction de Dieu sur des punks, sous le regard des passants qui observent cette scène insolite.

* * *

Ces hommes-là avaient besoin de la prière, tout comme moi aussi j'en avais besoin. La prière est le fondement de mon existence : elle est aussi vitale que ma respiration ou qu'une bonne nuit de sommeil. Sans la prière, je ne fonctionnerais pas. La prière me régénère, me restaure, elle me donne des forces neuves. Si je ne priais pas, je serais coupé de moi-même, flottant sur la surface des événements. Grâce à la prière, j'ai compris que la vie était faite de rencontres et qu'elle trouve son sens dans la rencontre avec Dieu.

CHAPITRE 5

JOIE ET PAUVRETÉ

Un jour que le médecin des yeux d'une cité lui rendait visite, le bienheureux François dit à un de ses compagnons : « Allez donner un bon repas au médecin. » Son compagnon lui répondit : « Père, nous le disons avec honte : nous sommes tellement pauvres en ce moment que nous avons honte de l'inviter et de lui donner à manger ce que nous avons. » Ce médecin était très riche et, quoique le bienheureux François et ses compagnons l'aient souvent invité, il n'avait jamais voulu rester à manger. Les frères allèrent donc dresser la table et, avec honte, y placèrent le peu de pain et de vin qu'ils avaient, ainsi que les quelques légumes qu'ils avaient faits pour eux-mêmes. S'asseyant à table, ils avaient encore à peine commencé à manger lorsqu'on frappa à la porte de l'ermitage. Un des frères se leva et alla ouvrir la porte. C'était une femme qui apportait un grand panier plein de beau pain, de poissons, de pâtés d'écrevisses, de miel et de raisins qui paraissaient tout frais cueillis, qu'avait envoyé au bienheureux François une dame d'un bourg fortifié distant d'environ sept milles de l'ermitage (CA 68).

Premier jour de mission à Viterbo, en Italie.

Frère Jarek, frère Andrew et moi, sac au dos, quittons notre couvent situé au cœur de Rome, en face du Forum, pour partir en mission dans une jolie ville médiévale appelée Viterbo. Après une demi-heure de marche, nous arrivons à la gare. C'est l'heure de pointe, la gare est bondée et les files d'attente aux guichets sont interminables.

J'insère mon billet dans la machine pour passer la barrière. Rejeté. J'essaie une deuxième fois. Idem. « Votre billet n'est pas valable, me dit l'agent. Il vous faut un billet "régional". » Ah zut ! Nous n'avons pas d'argent. Que faire ? « On pourrait rentrer au couvent ? suggère Andrew.

– Non, oublie le couvent, pas question de revenir en arrière, lui dis-je, stressé.

– Seigneur, aide-nous » prie Jarek, puis il s'exclame : « J'ai une idée ! » Il sort de sa poche quelques billets de métro et part pour essayer de les échanger contre des billets de train. Andrew, lui, tente une autre approche : il creuse la piste auto-stop. Quant à moi, je m'en vais à la recherche d'une carte routière pour un itinéraire à pied au cas où…

Nous cherchons tous les trois des solutions, dispersés, chacun de notre côté. Cela va dans tous les sens. Le chaos en nous est à l'image de celui qui règne dans la gare, quand tout à coup un homme âgé, accompagné de deux femmes, s'approche de moi. Il m'interpelle : « Mon frère, regardez, nous avons trois billets pour Viterbo. Nous ne partons plus. Seriez-vous intéressé ? » Je n'en crois ni mes yeux ni mes oreilles !

« Monsieur, vous êtes un ange ! Nous avions besoin de trois billets pour Viterbo et voici qu'ils tombent du ciel ! Dieu est grand ! » Il m'adresse un large sourire, heureux de me voir si joyeux.

Nous le remercions et courons vers le quai. Nous sommes tous les trois dans une joie immense. Que fait un franciscain quand il est joyeux ? Il chante ! Et vous savez quoi ? Le chant a l'art d'augmenter encore la joie ! Dans la gare, nous chantons à pleins poumons les louanges de Dieu. Andrew joue de la flûte. Jarek et moi chantons, je donne le rythme avec mon djembé. Attiré par l'ambiance, un musicien se joint à nous avec sa guitare. C'est la fête ! Des femmes et leurs enfants nous entourent en dansant et en battant des mains. Même les gardes de sécurité nous regardent en souriant.

Le train arrive et nous nous installons dans la cabine. Là, nous rencontrons Yéléna, la maman de deux petits enfants qui dansaient à nos côtés quand nous étions sur le quai.

Son regard fixe notre bure. « C'est quoi ces trois nœuds à la cordelette de votre habit ?

– C'est pour rappeler nos voeux, lui répond Andrew.

– Pauvreté : Dieu est toute ma richesse. Chasteté : Dieu est tout mon amour. Obéissance : Dieu est toute ma volonté, ajoute Jarek.

– Je suis orthodoxe, nous confie Yéléna. C'est beau de voir des gens comme vous qui portent la joie au monde.

– Que faites-vous dans la vie ? lui demande Andrew pendant qu'elle surveille ses enfants qui se promènent maintenant dans le wagon.

– Je suis femme de ménage. Je viens de reprendre le boulot après le décès de mon père. Sa mort m'a fait beaucoup réfléchir. Vous savez, quand on voit le corps allongé de ses proches, que leur souffle de vie s'en est allé, on se rend compte que l'on n'a qu'une vie pour aimer et que dans la vie rien n'est grave, sinon de ne pas aimer.

– Oui, acquiescé-je. Que le Seigneur nous enseigne à ne pas gaspiller le temps qu'il nous accorde. »

Alors que le train entre en gare, Yéléna plonge la main dans son sac et nous offre des bananes. Elle nous souhaite une bonne mission.

Nous débarquons à Viterbo et partons à la découverte de la ville. Nous sommes séduits par la beauté du centre historique, ses rues étroites, le tout dans une ambiance estivale : *bellissima Italia* !

Très vite, nous rencontrons un groupe d'une vingtaine d'étudiants avec lesquels nous entamons une conversation. Ils sont sympathiques et ouverts. Ils se mettent progressivement en cercle autour de Jarek pendant qu'il témoigne de son expérience de vie en Amérique latine. « J'étais missionnaire au Pérou et je vivais avec deux autres frères franciscains dans un petit village auprès de paysans pauvres. Nous avions été menacés à plusieurs reprises par des guerriers du mouvement "Sentier lumineux", mais nous voulions rester solidaires avec les villageois. Puis, un jour, j'ai dû rentrer chez moi en Pologne pour des questions familiales et, pendant mon absence, mes deux confrères ont été massacrés par les terroristes. Normalement, je devais mourir avec eux », témoigne Jarek avec beaucoup d'émotion.

Un des jeunes prend la parole : « On entend parler des martyrs mais cela paraît toujours lointain. Nous n'avons jamais rencontré un vrai témoin comme toi.

– Ce n'est pas un titre de gloire, répond Jarek. C'est la fidélité à ta vocation qui compte. »

Le soir venu, arrive le moment de prier les vêpres. La prière, comme je l'ai déjà dit, fait partie intégrante de notre vie franciscaine. Nous avons l'habitude de prier ensemble en communauté : à 6 h 30, l'adoration, les laudes et la messe, à 12 h 30, la prière du milieu du jour et à 18 heures les vêpres. Quand nous sommes en mission, nous prions tous les offices comme au couvent, mais nous cherchons toujours à le faire dehors, dans le monde, et non dans les églises.

Nous sommes donc là en train de prier les vêpres sur les marches d'une église baroque. C'est le jour de la solennité du Saint Sacrement. Un frère lit l'antienne des vêpres : « Et le Seigneur nous a donné un pain descendu du ciel. » À ce moment-là, un homme vient vers nous avec un grand panier de nourriture, le dépose à nos pieds et nous dit : « *Cari fratelli, buon appetito* », c'est-à-dire « Mes chers frères, bon appétit », puis s'en va. Nous sommes bluffés ! Une nourriture descendue du ciel ! Nous n'en revenons pas. Cette fois, ni joie ni jubilation, mais adoration profonde. Nous nous sommes inclinés face contre terre pour adorer le Dieu vivant.

* * *

Saint François dit que le monde est son cloître. Il n'avait rien et pourtant le monde était à lui. En bons franciscains, nous sentons que nous pouvons louer et adorer Dieu partout. Le monde est notre chapelle et la terre notre église. Il nous arrive parfois d'être envahis par un si grand sentiment de liberté et de joie que la louange déborde spontanément de nos cœurs. Dans ces moments-là, nous nous sentons incroyablement riches, au point de rendre les autres « saintement » envieux, et pourtant nous ne possédons pas grand-chose.

CHAPITRE 6

DES PROFONDEURS JE CRIE VERS TOI

Un certain jour, sorti pour méditer dans la campagne, alors que François déambulait près de l'église Saint-Damien, laquelle menaçait ruine en raison de sa trop grande vétusté, et que, poussé par l'esprit, il était entré pour y prier, prosterné devant l'image du Crucifié, il fut rempli durant sa prière d'une immense consolation de l'esprit. Et tandis que, les yeux baignés de larmes, son attention se portait sur la croix du Seigneur, il entendit des oreilles du corps une voix s'échappant de la croix elle-même, lui disant par trois fois : « François, va et répare mon Église qui, comme tu vois, est toute détruite » (LM 2).

Après une journée d'intense activité et de multiples rencontres, frère Jarek, frère Andrew et moi nous rendons compte qu'il est tard et qu'il faut absolument que nous trouvions un endroit pour passer la nuit à la belle étoile. Nos rencontres tout au long de la journée ont été riches et denses, mais nous n'avons pas reçu de proposition d'accueil pour la nuit.

Nous nous mettons en route sans plus tarder. Devant un petit bar, pas loin de la gare, nous repérons des cartons : nos futurs matelas pour la nuit ! Pendant que Jarek et moi fouillons dans la poubelle, Andrew croise une femme qui sort du bar. « Vous êtes un frère franciscain, je suppose ? Je m'appelle Claudia, je suis professeur d'histoire à l'université catholique. Je connais plusieurs de vos confrères. »

Jarek et moi, nous nous approchons de Claudia avec nos cartons à la main et nous lui présentons notre plan : passer une semaine à Viterbo pour évangéliser en vivant de la Providence. Elle s'exclame, surprise et inquiète : « Vous comptiez vraiment dormir dehors ? Pas question ! Je connais quelqu'un qui pourra sans doute vous aider. Attendez un moment. » Aussitôt dit, aussitôt fait, elle sort son portable. Nous interceptons des bribes de conversation : « S'il te plaît, Maria, ils n'ont nulle part où aller. » Nous nous sentons légèrement gênés par l'insistance de Claudia, qui force un peu la main à son amie.

Finalement, accompagnés de Claudia, nous arrivons très tard dans la nuit chez Maria. Elle nous invite à nous asseoir : elle a préparé une tisane et des biscuits. Maria doit avoir la cinquantaine ; elle est d'apparence plutôt fragile, assez réservée. Son appartement est modeste. Mes frères et moi sommes bien conscients qu'il nous faut gagner la confiance de Maria qui accueille chez elle trois hommes inconnus.

« Claudia m'a dit que vous étiez en mission pour une semaine à Viterbo, est-ce exact ?

– Oui, dis-je. Nous sommes partis en mission "à la franciscaine" en nous confiant à la bonté de Dieu et de l'homme. Fini l'époque où il suffisait d'ouvrir les portes de l'église pour que les gens viennent. C'est l'Église qui va vers les gens. Et toi, Maria, que fais-tu dans la vie ?

– J'étais professeur de religion », répond-elle, puis elle change brusquement de sujet de conversation.

Je demande à Maria si elle veut se joindre à nous pour un temps de prière avant de dormir. Elle ne semble pas tout à fait à l'aise. Je me dis que, lorsqu'elle nous verra prier, elle sera sans doute rassurée sur le fait que oui, nous sommes de vrais franciscains. Ensemble, nous prions les complies, puis nous nous souhaitons bonne nuit.

Le lendemain, au réveil, nous lui proposons à nouveau un temps de prière. Nous chantons avec elle les laudes, puis prenons un temps de méditation à partir d'une lecture de la Bible, suivi d'un partage sur la parole de Dieu, le tout en alternance avec des chants de louange.

Maria s'ouvre un peu plus à nous : « Je n'ai pas beaucoup d'amis. Mes deux parents sont décédés et je n'ai ni frère ni sœur. Ma seule amie est Claudia. » Alors que nous bouclons nos sacs et sommes sur le point de quitter son appartement pour notre mission d'évangélisation en ville, elle nous propose timidement : « Si vous ne trouvez pas de lieu où dormir ce soir, vous pouvez revenir chez moi. »

Cette nuit-là, ainsi que les sept suivantes, nous sommes hébergés chez elle. Son appartement devient notre « QG », notre point de chute pour la mission à Viterbo. Comme le dit l'Évangile : *« En quelque maison que vous entriez, demeurez-y, et partez de là »* (Lc 9, 4).

Chaque matin, nous prions avec Maria et ensuite, au cours du petit-déjeuner, nous lui racontons nos aventures missionnaires de la veille. « Ce n'est pas mon style de faire ce que vous faites, mais je suis vraiment contente que mon appartement serve à la mission », nous dit-elle.

Au cours de la semaine, pendant un petit-déjeuner, Maria rompt le silence qui entoure son passé et sur un ton mi-hésitant, mi-embarrassé, elle nous confie : « Cela fait deux jours que je veux vous en parler... J'ai été religieuse pendant plus de quinze ans, voilà maintenant, vous savez ! » Elle poursuit : « J'ai dû quitter la communauté, je n'arrivais plus à vivre dans un endroit aussi toxique, ma santé déclinait à vue d'œil. Il y avait des jeux de pouvoir, du harcèlement. La mère supérieure m'adressait sans cesse des reproches : je faisais quelque chose, elle me le reprochait, je ne faisais rien, elle me le reprochait encore. Et puis, il y avait les avantages accordés à certaines, les sœurs “préférées”. Un jour, j'ai osé lui dire ce que je pensais. Peu après, elle m'a démolie devant mes élèves. Je n'ai plus jamais osé m'opposer à elle. Ce qui m'a fait le plus mal, ce sont les regards fuyants des sœurs. Aucune ne m'a soutenue. Aucune n'a eu le courage de briser l'omerta : silence radio ! »

Nous écoutons Maria parler longuement sans l'interrompre, sans lui poser de questions. Nous sentons qu'il y a encore tellement de souffrance.

Elle continue : « J'ai dû quitter le couvent et je me suis retrouvée seule. Depuis, je trouve difficilement ma place. Je me sens indigne de Dieu, de l'Église. » Elle fond en larmes. Andrew pose la main sur son épaule. « Pourtant ces jours-ci, grâce à votre présence chez moi, je sens que Dieu m'a visitée et qu'il a transformé mon appartement en couvent. » Puis elle conclut : « Désolée d'avoir pris votre temps, il faut que vous y alliez maintenant. À ce soir. » Nous quittons Maria, touchés par son témoignage. En tant qu'hommes d'Église, nous nous sentons particulièrement concernés.

Ce jour-là, nous rencontrons sur notre chemin un pasteur protestant originaire des États-Unis dont l'église est située à proximité du centre-ville. Il nous parle en anglais d'un air un peu hautain: « Demain, je donne une conférence sur l'histoire de l'Église. Cela vous ferait du bien, vous jeunes catholiques, d'en savoir un peu plus ! » Frère Andrew lui répond du tac au tac: « Pourquoi pas ? Mes parents sont tous deux protestants. Je ne suis plus entré dans un temple depuis que je me suis converti au catholicisme pour devenir prêtre. » La relation prend subitement un coup de froid. On se salue poliment. Le pasteur protestant reprend son chemin et nous le nôtre.

Le soir tombant, alors que nous prenons un temps de repos assis sur les marches d'une église, un groupe de jeunes, bières à la main, s'avance bruyamment vers nous. Nous sentons le danger mais pour ne pas les heurter par un brusque départ, nous restons assis. Un jeune s'approche de moi d'un air hostile en criant: « Fils de p... bande d'enc... . Je vais te casser ta p... de gueule. » Je me redresse tout de suite car il a l'air un peu dérangé. « Je déteste ça », dit-il en empoignant agressivement ma bure. Il me traite de tous les noms. Il est maintenant à quelques centimètres de mon visage. « C'est un des vôtres qui a cassé mon enfance. » Une sueur froide m'envahit, mon cœur bat à toute vitesse pendant qu'il vomit ses blessures et sa haine : un prêtre a abusé de lui quand il était jeune. En me regardant, il voit son bourreau. Il est sur le point de me frapper. La présence à mes côtés de Jarek et d'Andrew, prêts à intervenir, me rassure un peu. Face à son agressivité, je ne le contredis pas. J'essaie de neutraliser sa colère. Je pose doucement ma main sur son cœur. Je le regarde dans les yeux et commence à prier à voix basse : « Je te salue Marie, comblée de grâce, le Seigneur est avec toi. » Il continue à me crier dessus, mais heureusement un de ses amis vient le chercher *manu militari*. Le jeune s'éloigne en me lançant un regard glacial. Je fais un pas en arrière, je sens mes jambes trembler. Nous prenons nos sacs et partons sans demander notre reste. Sous le choc, nous marchons en silence, incapables de mettre des mots sur ce qui vient de se passer.

Le lendemain matin, dans le petit appartement de Maria, nous prenons comme d'habitude un temps prolongé de prière, de partage et d'intercession. Aujourd'hui, Claudia est avec nous et joue de la guitare. Nous entonnons quelques chants et entrons rapidement dans la louange. À un moment donné, entre deux chants, je prie spontanément : « Seigneur, je te confie le jeune d'hier soir. Aie pitié de lui et sauve-le. Aie pitié de tous ceux qui comme lui ont subi des abus de la part de tes ministres. Aie pitié de nous, ton Église, et sauve-nous. » Puis Jarek, accompagné par la douce mélodie de la guitare, ajoute : « Pardon, Seigneur, nous, ton peuple, ne t'avons pas été fidèles. Nous t'avons trahi. » Maria est touchée et éclate en sanglots, submergée par l'émotion. Elle est affectée par l'histoire du jeune, nos demandes de pardon et la confession faite au nom de l'Église. Ses larmes s'ajoutent aux nôtres et ensemble nous prions intensément pour l'humanité ravagée et brisée par le péché : « Sauve-nous et nous serons sauvés ! Guéris-nous et nous serons guéris. Pardonne-nous, Seigneur. »

* * *

Il y a des moments dans la vie spirituelle où nous sommes confrontés au péché, au nôtre, à celui des autres, au mystère du mal. Il y a des moments où, comme le Christ, nous nous identifions au mal dans le monde. Le péché du monde, le péché de l'humanité devient notre péché. Nous ne pouvons alors que tomber à genoux devant Dieu : « Seigneur, aie pitié de nous ! Combien de temps encore vas-tu nous laisser t'oublier, vivre sans toi ? » La seule chose qui puisse accompagner cette prière, ce sont des larmes exprimées par un cœur souffrant, déchiré, qui crie vers Dieu.

C'est la prière d'Isaïe qui, devant la sainteté de Dieu, voit son péché et celui de son peuple : « *Malheur à moi, je suis perdu, car je suis un homme aux lèvres impures, j'habite un peuple aux lèvres impures* » (Is 6, 5). Celle de Moïse, qui intercède pour éviter la destruction de son peuple, qui s'est détourné de Dieu en fabriquant un veau d'or (Ex, 34, 9).

C'est la prière de Jésus qui a intercédé pour les hommes toute sa vie, jusqu'à la mort. Crucifié entre deux malfaiteurs, il crie vers son Père : « *Pardonne-leur. Ils ne savent pas ce qu'ils font* » (Lc 23, 34).

L'intercession sacerdotale de Jésus se poursuit grâce à la prière qui passe par nos lèvres, suscitée et inspirée par l'Esprit.

Prière de saint François devant le Crucifié

Ô Dieu haut et glorieux,
illumine les ténèbres de mon cœur.
Et donne-moi la foi droite,
l'espérance certaine et la charité parfaite,
le sens et la connaissance, Seigneur,
pour que, moi, je fasse ton saint
et véridique commandement.
Amen.

CHAPITRE 7

EXTRA-ORDINAIRE ?

> Je supplie, dans la charité qu'est Dieu, tous mes frères de s'appliquer à s'humilier en tout, à ne pas se glorifier, à ne pas se réjouir en eux-mêmes, à ne pas s'exalter intérieurement des bonnes paroles et des bonnes actions et absolument d'aucun bien que Dieu fait ou dit ou produit quelques fois en eux et par eux (1Reg 17, 5-6).

Il y a quelques années, je suis parti en mission itinérante à Lille avec Jacques et Benjamin, deux pères de famille (et même grand-père pour le premier !), amis de notre communauté franciscaine. Ils souhaitaient vivre avec moi cette expérience de mission et de pauvreté.

Réveillés tôt le matin, nous avons pris le petit-déjeuner avec de jeunes adultes qui nous avaient accueillis dans leur foyer d'étudiants. C'était impressionnant de voir ces jeunes, les yeux écarquillés, écouter Jacques témoigner de sa vie de couple après cinquante ans de mariage : « J'aime ma femme plus que jamais ! Il y avait une époque où je me disais : comment pourrais-je passer une vie entière avec une seule femme ? Aujourd'hui, je me dis : Quel dommage. Je n'ai qu'une seule vie avec ma femme ! »

Benjamin, Jacques et moi quittons les jeunes à 9 heures. Nous parcourons les rues de Lille, sac au dos, à la recherche de la rencontre. Nous sommes frappés par le nombre de personnes pauvres et de SDF que nous croisons. Quand on marche dans les villes, que l'on prend le temps, c'est souvent la pauvreté qui saute d'abord aux yeux.

Nous nous dirigeons vers un parc public, pas loin du centre-ville. Là, nous passons devant un homme âgé, qui a sans doute plus de 80 ans, assis seul sur un banc, en train de scruter l'horizon. Il a de la classe, de la prestance. Il me regarde et lance d'un air légèrement condescendant : « Qui êtes-vous ? Un curé ?

– Non, monsieur, un frère franciscain. » Il garde le visage fermé. Jacques intervient : « Nous passons quelques jours ici, à Lille, dans cette ville extraordinaire. Nous habitons Bruxelles. Benjamin est chef d'entreprise, Jack, comme vous le savez, frère franciscain et moi, médecin. Nous avons laissé famille et couvent pour faire confiance à Dieu, sans un sou, sans carte bancaire. »

Les yeux du vieux s'allument quand il entend que Jacques est médecin. Il a enfin un interlocuteur à sa hauteur. Il se présente à Jacques : « Je m'appelle Charles. J'ai servi la France durant toute ma vie. Je suis général. Diên Biên Phu ? La bataille d'Alger ? Cela vous dit certainement quelque chose, à vous ? » Il s'écoute parler et devient intarissable sur ses hauts faits de guerre, ses décorations, ses étoiles. Et moi, et moi, et moi ! Il nous parle de l'histoire de la France et étale sa culture. Benjamin et moi, nous décrochons complètement. Cet homme ne s'intéresse qu'à lui et à Jacques, le médecin.

Ce dernier, après une longue écoute, guide la conversation vers des sujets plus personnels. Jusqu'à présent, Charles n'a parlé que de ses exploits et réussites professionnels, mais pas de sa vie privée. « Et la famille dans tout ça ? Vous êtes marié, vous avez des enfants ? » Charles est un peu gêné par la question. D'abord, il répond avec un certain orgueil : « J'ai eu plusieurs enfants de femmes différentes. J'ai été marié mais ma femme a demandé le divorce pour adultère. » Puis, sur un ton plus triste : « Mes enfants, je ne les connais pas, sauf le fils de mon ex-épouse. Il ne me parle plus depuis un certain temps. »

Jacques, en bon médecin, a fait l'anamnèse du patient. Par ses questions et son écoute attentive, il a trouvé où l'homme avait mal.

« Et Dieu ? demande-t-il.

– Oh non. Ce sont des histoires pour les enfants. Ne me dites pas que vous croyez sérieusement la même chose que ce frère-là ?

– Ben si, répond Jacques. Heureusement, Dieu est dans ma vie. À plusieurs reprises, quand mon mariage a été en crise, Dieu m'a rattrapé. J'avais tendance à fuir dans le travail et dans ma passion de collectionneur de BD. Si Dieu n'avait pas été là, où en serait mon couple aujourd'hui ? »

L'homme écoute attentivement Jacques. « Voulez-vous qu'on prie pour vous, pour que Dieu vous aide à vous réconcilier avec vos enfants ? » Le général est à la fois surpris et intrigué par la proposition de Jacques. « Oui, mais c'est vous qui priez. Moi, je ne veux rien dire. » Jacques pose sa main sur l'épaule de Charles et prononce une bénédiction et une prière. Charles est touché, ému. Après un moment de silence, il se met debout et tend la main vers Jacques en signe de respect et gratitude.

Nous nous disons adieu et nous nous remettons en marche.

Dans l'après-midi, après quelques autres rencontres, nous nous dirigeons vers la cathédrale au centre-ville, pour un temps de silence.

En sortant de la cathédrale, nous découvrons une jolie place avec cafés et bars. Nous passons à côté de plusieurs tables. De loin, je vois une femme assise sur une terrasse qui regarde notre trio en souriant. D'un air confiant et assuré, elle me fait signe qu'elle veut me parler. Alors que nous nous dirigeons vers elle, Jacques est happé par un groupe d'hommes assis dans un café, interpellés par son look de pèlerin, tandis que Benjamin rencontre un jeune couple qui l'invite à s'asseoir pour parler. Je continue mon chemin, émerveillé par la vitesse éclair à laquelle nous sommes invités tous les trois à trois tables différentes. Et dire que nous sommes partis sans un sou !

Je me retrouve à table avec deux femmes qui me font comprendre qu'elles sont en couple. Celle qui nous regardait de loin s'appelle Anne : la quarantaine, un peu ronde, petit chapeau, look artiste, une certaine classe, joyeuse, sympathique. Elle m'invite tout de suite à m'asseoir et me présente à sa compagne Lisa. Lisa est professeur d'art. Artiste également, mais avec un style très différent : habillée tout en noir, cheveux gris, elle a un air mélancolique, sombre, triste.

Anne me dit : « Cela me fait plaisir de parler avec un franciscain. On n'en voit presque plus. Tu sais, j'ai été éduquée par les bonnes sœurs. Il y a quelques années je suis allée à Assise. Qu'est-ce que c'est beau !

– Alors tu es croyante ? demandé-je.

– Oh non. J'aime les valeurs chrétiennes et les églises sont des monuments impressionnants, mais Jésus et toutes ces histoires de miracles, je n'y crois pas du tout. »

Lisa s'adresse alors à Anne : « Tu as eu de la chance ! J'étais dans un internat en Angleterre dirigé par des sœurs. C'étaient des diables déguisés en saints. » Puis, en se tournant vers moi : « Je ne sais pas comment quelqu'un de sain d'esprit peut vivre une telle vie !

– Effectivement, lui dis-je, il faut être un peu fou pour donner sa vie à Dieu. Même maintenant, nous vivons une folie. Je suis avec deux autres amis et nous passons quelques jours à Lille, sacs au dos, sans un sou. » Anne est impressionnée. « Alors tu es un vrai franciscain mendiant ? » Lisa ajoute tout de suite sur un ton provocant : « Tu aimes les petits garçons ? » Je ronge mon frein. Elle me cherche !

Le serveur nous apporte nos bières, puis Anne me dit : « Cela fait sept ans que nous vivons ici à Lille. À Paris, la vie était trop chère et ici, en plus, les gens sont agréables. » Lisa ajoute d'un ton cynique : « Pas d'accord.

Métro, boulot, dodo, partout. Les gens se foutent des autres. Chacun pour soi. »

Je lui réponds : « Heureusement, Dieu se soucie de nous ! Et Lisa, tu sais, il se soucie aussi de toi. » Je continue à lui parler et pour une raison qui m'est inconnue, Lisa est touchée par mes mots et fond en larmes.

« Oh, non, elle pleure. Que faire ? » L'ambiance à table a changé, tout est devenu sérieux et silencieux. Personne ne bouge autour de nous. Je me sens gêné d'avoir fait pleurer une femme, et comment « gérer » une femme en larmes ? Je me déplace et m'apprête à lui faire un *hug* à l'anglo-saxonne. Lisa s'approche de moi et se met à pleurer sur mon épaule. Et me voici avec une lesbienne dans les bras !

En pleurant toujours, elle m'ouvre son cœur : « Ça ne marche pas dans ma vie. J'ai le dos cassé, des angoisses qui me paralysent. Je sens que je suis en train de passer à côté de ma vie. Je suis dépassée. » J'essaie tant bien que mal de ne pas penser aux regards surpris et appuyés des gens qui voient un frère franciscain en bure avec une femme en larmes collée à lui ! « Lisa, veux-tu que je prie pour toi, avec toi, pour que Jésus vienne soulager tes souffrances ? » Sans hésitation, elle dit oui et répète après moi : « Seigneur Jésus, viens dans ma vie, je t'ouvre la porte. »

Lisa prend son mouchoir et essuie ses larmes. Nous retournons nous asseoir, nos bières (un peu moins fraîches) nous attendent. Nous gardons le silence, sans un mot, habités par une paix profonde et conscients d'avoir vécu quelque chose de fort. Anne nous regarde sans rien dire, étonnée par ce qui vient de se produire.

Du point de vue de la mission, la suite coule de source. La conversation est devenue profonde et facile. Lisa me dit : « J'écris un roman, mais en secret. Personne ne l'a lu ! Je voudrais tant le publier, mais je n'ose pas. Anne m'encourage à le faire, mais la seule pensée que quelqu'un me critique me pétrifie.

– Vas-y Lisa. Fais confiance à Dieu et fais-toi confiance, lui dis-je pour l'encourager.

– Mais comment peux-tu savoir que Dieu existe ? Et s'il me parle mais que je n'arrive pas à l'entendre ? Et comment fais-tu pour sentir sa présence ? Et la chasteté, comment fais-tu ?

– Arrête avec toutes tes questions, coupe abruptement Anne. Si tu continues, il va faire de toi une bonne sœur ! »

À ce moment-là, Jacques et Benjamin arrivent. « Viens frère, il faut que tu rencontres ce couple et que tu pries pour eux. » Le couple m'attend. Nous nous présentons. Oui, ils désirent la prière. Alors, en plein milieu du bar, debout, j'impose les mains sur l'un puis sur l'autre.

Anne dit à haute voix : « Ce frère est taré ! » Lisa, au contraire, demande à Jacques et à Benjamin : « Donnez-moi vos coordonnées ! »

* * *

J'aime croire que Dieu veut utiliser chaque chrétien comme instrument de son amour, qu'il soit marié, célibataire, religieux, prêtre…

J'aime croire que Dieu veut passer par nos paroles, nos gestes et nos vies et qu'il est parfois même à l'origine de certains de nos projets et idées.

Étonnant ? Non ! À partir du moment où nous prenons conscience que Dieu nous a donné l'Esprit de son Fils et veut faire de nous ses partenaires, l'extraordinaire devient ordinaire et le surnaturel naturel.

CHAPITRE 8

LA JOIE PARFAITE

Dans la tradition franciscaine, nous avons un récit très connu : frère Léon demande à saint François ce qu'est la joie parfaite.

> Frère Léon, fort étonné, l'interrogea et dit : « Père, je te prie, de la part de Dieu, de me dire où est la joie parfaite. » Saint François lui répondit : « Quand nous arriverons à Sainte-Marie-des-Anges, ainsi trempés par la pluie et glacés par le froid, souillés de boue et tourmentés par la faim, et que nous frapperons à la porte du couvent, et que le portier viendra en colère et dira : "Qui êtes-vous ?" et que nous lui répondrons : "Nous sommes deux de vos frères", et qu'il dira : "Vous ne dites pas vrai, vous êtes même deux ribauds qui allez trompant le monde et volant les aumônes des pauvres ; allez-vous en" ; et quand il ne nous ouvrira pas et qu'il nous fera rester dehors dans la neige et la pluie, avec le froid et la faim, jusqu'à la nuit, alors si nous supportons avec patience, sans trouble et sans murmurer contre lui, tant d'injures et tant de cruauté et tant de rebuffades, et si nous pensons avec humilité et charité que ce portier nous connaît véritablement, et que Dieu le fait parler contre nous, ô frère Léon, écris que là est la joie parfaite. » (VJ)

Ces dernières années, pendant mes missions itinérantes, j'ai vécu plusieurs expériences semblables à celle racontée par saint François. Je n'ai pas toujours pu garder patience, paix et joie dans le cœur, je dois l'avouer humblement ! Sur le moment, c'est souvent difficile à avaler ! Mais aujourd'hui en regardant en arrière, cela me fait plutôt sourire.

Pèlerinage de Rome à Assise avec frère Carlo, frère Blasio et frère Josef.

Un soir, nous arrivons dans une jolie ville d'Ombrie. Nous frappons à la porte d'un couvent de sœurs franciscaines, certains d'y être accueillis pour la nuit. « Nous nous ferions un plaisir de vous accueillir mais notre mère supérieure est malheureusement absente.

– Pourrait-on dormir à l'intérieur des murs du couvent, dehors devant votre église, cela nous éviterait de devoir dormir dans la rue ? » Il y avait un abri juste à côté de l'église qui aurait été parfait. Silence d'abord, assourdissant ! Puis la sœur nous dit : « Non, cela ne sera pas possible. » Serrant les dents et sur un ton sans doute légèrement sarcastique, je lui réponds : « Ne vous inquiétez pas, ma sœur, nous croyons à la Providence : Dieu pourvoira. » Avec un gentil sourire et en hochant la tête, elle déclare : « Oui, oui, Dieu est bon, il vous donnera ce qu'il vous faut. »

En mission avec frère Jarek et frère Andrew, dans une ville à proximité de Rome où se trouve un couvent de notre Ordre.

Nous décidons d'aller saluer nos frères par fraternité et respect. Nous arrivons devant l'église et apercevons de loin le frère responsable. Dès qu'il nous voit arriver dans sa direction avec nos sacs à dos, il prend la fuite à grandes enjambées. On l'appelle amicalement : « Mon frère, mon frère... » Il fait semblant de ne pas nous entendre, entre à toute vitesse dans le couvent et claque bruyamment la porte derrière lui. Nous frappons à la porte mais celle-ci reste définitivement close. Nous restons bouche bée, complètement abasourdis, et partons sur le champ. Par la suite, nous apprendrons qu'il nous avait pris pour des « ribauds ».

Barcelone, en mission durant un mois avec Antonio, un frère franciscain espagnol.

Nous assistons à la messe du dimanche : c'est l'évangile du bon Samaritain. Le vicaire de la communauté franciscaine qui célèbre la messe sait que nous sommes en mission. Il propose de nous accueillir alors que nous ne lui avons rien demandé. Il en parle à son supérieur qui vient vers nous : « Qui êtes-vous ?

– Des franciscains conventuels. » Comme il paraît perplexe malgré notre habit, nous lui présentons la lettre de mandat de nos supérieurs. Il continue à nous regarder avec méfiance. Il part avec la lettre pour contacter par téléphone nos supérieurs, mais ceux-ci ne sont pas joignables. Il nous envoie ensuite le vicaire : « Le supérieur ne vous croit pas. Je suis vraiment désolé. » Ce supérieur dispose de notre lettre de mandat, il est allé sur le site internet de nos communautés où il a vu nos photos, nous sommes en bure et il ne nous croit pas ! Je suis en colère, choqué. Aucune envie de quémander un accueil ! Vexé, scandalisé, je tourne les talons, Antonio fait de même.

* * *

Dans sa règle, saint François voulait que ses frères imitent la pauvreté et l'humilité de Jésus qui s'est fait pèlerin et hôte sur cette terre. Dépouillé de sécurité et de « pouvoir », j'ai appris, grâce à la mendicité franciscaine vécue pendant nos temps de mission itinérante, que dans la vie, tout était don. Conviés à table pour manger un bon repas chaud ? C'est un don. Accueillis dans une maison pour la nuit ? C'est un don. Invités à aller boire un petit café dans un bar ? C'est un don. Et recevoir la permission de passer la nuit sur le parvis d'une église franciscaine… ce n'est pas un dû !

Quand on est mendiant, rien n'est dû, tout est cadeau, donné gratuitement pour être reçu avec gratitude. Et devant Dieu, qui sommes-nous, sinon de pauvres mendiants qui recevons tout de notre Créateur ? « *Qu'as-tu que tu n'aies reçu ?* » (1 Co 4, 6).

C'est une école de vie, une attitude qui peut être cultivée au quotidien.

Ceci dit, quand mes propres frères et sœurs ne nous accueillent pas, qu'ils prennent la poudre d'escampette pour nous éviter, quand ils ne nous croient pas, reconnaissons que sur le moment, la joie éprouvée est tout sauf parfaite !

CHAPITRE 9

TROIS POUR LE PRIX D'UN

Bienheureux les cœurs purs, car ceux-là verront Dieu. Vraiment au cœur pur sont ceux qui se détachent des choses terrestres, cherchent les choses célestes et, avec un cœur et un esprit purs, ne cessent jamais d'adorer et de voir le Seigneur Dieu vivant et vrai (Adm 16).

Liège, Belgique.

Je suis en mission, accompagné cette fois du père Olivier et de Joachim, des amis de notre couvent. Il est 21 h 30, le temps est instable et la pluie menace. Nous recevons un SMS de la part des deux personnes qui nous ont gentiment accueillis chez elles la veille : « Désolés les gars, on a un changement de programme de dernière minute. On ne peut plus vous accueillir ce soir. Bonne chance. »

En lisant le message, je me dis avec une certaine ironie : « Au moins ils nous préviennent tôt, ceux-là. » Heureusement, il y a quelques jours, nous avons repéré un endroit pour passer la nuit au cas où nous ne trouverions pas d'accueil. L'endroit est juste en face de la Meuse, le fleuve qui traverse la ville.

Voilà que la pluie commence à tomber, de plus en plus fort. Le vent souffle. Franchement, ce soir, nous n'avons pas vraiment envie de passer la nuit à la belle étoile !

Nous cherchons d'autres solutions. Qui pourrions-nous appeler ? Où pourrions-nous aller ? « Et si on retournait au bar, Jack, tu pourrais jouer de ton hangpan ? » propose Olivier. « C'est vrai, on y a rencontré pas mal de monde il y a deux jours. Peut-être trouverons-nous une bonne âme pour nous accueillir », ajoute Joachim.

Il y a quelques jours, de fait, nous sommes devenus amis avec François, le barman d'un bistro situé sur « Le Carré », quartier piétonnier animé de Liège. François a l'habitude de laisser jouer des musiciens dans son bar pour y mettre de l'ambiance. Il m'a invité à jouer de mon hangpan pour ses clients et, en contrepartie, nous a offert quelques verres (eh oui, ce sont les bienfaits de la mission !).

« Brillante idée, allons-y. » Il pleut des cordes, nous courons jusqu'au bar. Nous y entrons, trempés, avec nos gros sacs à dos. La pluie dégouline de nos vêtements.

Tous les regards convergent vers nous et j'adresse à tous mon plus beau sourire franciscain. François est heureux de nous revoir et nous propose immédiatement un verre et une table pour jouer du hangpan.

En face de moi, un couple. Un homme et une femme qui ne cessent de se tourner vers moi, intrigués par l'instrument, par la musique. Je frime un peu en jouant, voyant qu'ils sont impressionnés par le show. J'utilise l'instrument comme prétexte, et nous commençons à discuter.

Je découvre que ce n'est pas un couple, mais un homme et une femme qui se voient pour la première fois : première rencontre « Meetic ».

La femme s'intéresse de plus en plus à nous et à notre aventure. Je leur explique notre démarche à Liège : « Sans argent, sans nourriture, nous faisons confiance à Dieu. Nous venons de repérer un endroit pour passer la nuit dehors, face à la Meuse. »

Elle, directement : « Je vous accueille tous les trois.

– Quoi ??? » s'exclame l'homme. Son visage change, il est vert ! Sous le choc, car pratiquement largué. Je ne sais pas si elle s'est rendu compte sur le moment de ce qu'elle faisait. L'homme, dégoûté, plaqué (disons-le carrément), paie la note et quitte le bar.

Entre-temps, le père Olivier et Joachim se sont assis chacun à une table différente, et discutent avec les gens qu'ils viennent de rencontrer.

Stéphanie, c'est le nom de la femme, change de table et se met en face de moi pour parler. D'un air gêné, elle me dit : « Ne pense pas du mal de moi, s'il te plaît. C'est vraiment la première fois que j'essaie de rencontrer quelqu'un via internet : je n'ai plus 25 ans, cela devient de plus en plus compliqué. »

En fait, Stéphanie a 39 ans, elle travaille dans le marketing. Veuve depuis sept ans, elle n'a pas d'enfant. « J'adore mon boulot et tout ce que je touche devient de l'or. Par contre, ma vie affective, c'est la cata. Elle est vraiment à l'opposé de ma vie professionnelle, me confie-t-elle en se cachant le visage derrière la main.

J'ai enchaîné des histoires sans lendemain avec des hommes, je n'arrive pas à m'engager de façon sérieuse. Il y a un truc qui me bloque. Donc je m'étourdis dans le travail. Je travaille sans arrêt, "jusqu'à pas d'heure". Seulement, parfois, je n'arrive pas à gérer la solitude et je craque.

Une question me brûle les lèvres. » Je devine et souris. « Toi qui n'es pas marié, comment fais-tu ? » me demande-t-elle, presque comme un appel au secours.

C'est une question que les gens me posent très souvent. Certains sont scandalisés par mon célibat, qu'ils voient comme une castration ou comme impossible à vivre, alors que d'autres sont fascinés par l'idée que l'on puisse être heureux et épanoui sans relations sexuelles.

Je lui réponds : « J'aime vraiment mon célibat et j'aime l'idée que ma vie appartient à Dieu. Aujourd'hui, je pense que si j'arrive à vivre sans une femme, c'est parce que je sais que Dieu m'aime, qu'il est avec moi et qu'il m'appelle à vivre ce célibat. Et puis, Stéphanie, pour être vraiment honnête avec toi, je passe des heures à courir et à jouer de la batterie. Il faut bien canaliser ses énergies, non ? » Elle sourit en hochant la tête.

De temps en temps, François, le barman, vient à notre table pour me parler. C'est un homme intéressé par la spiritualité. En quête de sens dans sa vie après son divorce, il est devenu bouddhiste. Il est admiratif devant notre démarche et surtout devant notre confiance dans la Providence. « C'est vraiment franciscain ! » dit-il avant de partir servir une autre table.

La conversation avec Stéphanie se poursuit longuement. Je lui pose la question : « Et Dieu dans ta vie ? Où en es-tu avec lui ?

–Je n'y crois pas, pourtant toute ma famille est catholique. Il y a simplement trop d'injustice dans le monde, trop d'inégalités. Pourquoi certains sont-ils riches et beaucoup d'autres pauvres, certains privilégiés et d'autres pas du tout ? Je crois que nous ne sommes que le résultat de notre histoire, le produit de notre environnement. »

Je tente de lui expliquer la présence mystérieuse de Dieu dans nos vies à travers mon témoignage personnel, mais elle reste sceptique. « Même ça, c'est injuste, dit-elle. Pourquoi Dieu t'a-t-il parlé à toi, et pas à moi ? »

Il est très tard ! Le bar va fermer. Nous remercions et saluons François, puis nous sortons. Sur le seuil, ce dernier dit à Stéphanie en plaisantant : « Eh bien toi, dis donc ! Tu es entrée dans le bar avec un homme et maintenant tu en sors avec trois ! »

En vérité, Stéphanie est plutôt partie avec quatre hommes, car, quand nous sommes arrivés chez elle, nous avons commencé à chanter et à prier. Stéphanie était très touchée par la présence de Jésus parmi nous. La beauté et la douceur de nos chants, les paroles de bénédictions prononcées et la forte présence spirituelle qui s'est manifestée l'ont remuée.

* * *

Une petite question qui pourrait paraître de prime abord hors contexte : pourquoi les trois mages d'Orient ont-ils suivi une étoile particulière pour partir à la recherche du Messie, et pas une autre parmi les milliers d'étoiles ? Si on y pense, toutes les étoiles brillent, toutes sont belles et lumineuses, mais une seule mène jusqu'au Messie.

De la même manière, je pense que Dieu nous parle. Sa voix est comme une étoile brillante parmi des milliers d'étoiles, chacune essayant de me captiver. Toutes les voix sont séduisantes et toutes me promettent le bonheur, mais une seulement me mène jusqu'au salut.

Prière de saint François (LOrd)

Dieu tout-puissant, éternel, juste et miséricordieux,
à nous misérables,
à cause de toi-même,
donne de faire ce que nous te savons vouloir
et de toujours vouloir ce qui te plaît,
afin qu'intérieurement purifiés, intérieurement illuminés
et embrasés du feu du Saint-Esprit,
nous puissions suivre les traces de ton Fils bien-aimé,
notre Seigneur Jésus-Christ,
et par ta seule grâce parvenir à toi, Très-Haut,
qui, en Trinité parfaite et simple Unité,
vis et règnes et es glorifié, Dieu tout-puissant,
pour les siècles des siècles. Amen.

CHAPITRE 10

MON CARTON

> Le père de François tenait de conduire son fils devant l'évêque d'Assise pour qu'il renonçât en ses mains aux biens paternels et rendît tout ce qu'il avait. Le vrai amant de la pauvreté se montra prompt à le faire et, parvenant devant l'évêque, il ne souffre de retard ni n'hésite de quelque façon, n'attend ni ne fournit d'explications ; mais ayant aussitôt quitté tous ses vêtements, il les restitua à son père… De plus, ivre d'une ferveur admirable de l'esprit, ayant même rejeté son caleçon, il se dénude totalement devant tous, disant à son père : « Jusqu'à maintenant je t'ai appelé "père" sur la terre, mais à présent je peux dire en sécurité : Notre Père, qui es aux cieux » (LM 2, 6).

Bruxelles, une fin de journée de printemps après le premier confinement.

Aujourd'hui, j'ai décidé de retourner passer la nuit au parc Maximilien.

À quinze minutes de mon couvent, le parc Maximilien est un endroit où se rassemblent quotidiennement des centaines de migrants à la recherche d'un repas, de soins médicaux, de vêtements, et si la chance leur sourit, d'un hôte qui les accueillera au chaud pour la nuit. Ceux qui restent sur le carreau se débrouillent pour trouver un petit coin où passer la nuit à la belle étoile. Pour eux, la Grande-Bretagne est la terre promise, la Belgique simplement un pays de transit.

Ce jour-là, je quitte mon couvent et déambule sur les grands boulevards bruxellois en direction du parc, quand tout à coup je découvre un magnifique carton, un « 5 étoiles » ! Dans une autre vie, il a visiblement servi à emballer un écran de télévision géant. Il est propre, plus grand, plus large que moi, bref, un véritable carton de luxe !

C'est un frère franciscain, frère Paul, qui m'a un jour enseigné la technique des cartons : « Tu verras, cela t'isole et te protège, tu ne sentiras plus le froid. » Depuis lors, jamais sans mon carton quand je passe la nuit dehors !

J'arrive au parc et suis heureux de revoir mon ami Joseph. Joseph a quitté son pays, l'Éthiopie, il y a quelque temps déjà, dans l'espoir d'une vie meilleure. Il est assis par terre sur une couverture. Je dépose mon carton et m'installe à côté de lui. Il me présente ses amis, Malik, un jeune algérien et Abdul, qui vient d'Afghanistan.

Nous conversons tous ensemble. Des hommes vont et viennent. Chaque fois, Joseph se déplace et propose une place sur sa couverture. Il finit par s'asseoir sur l'herbe, offrant sa couverture aux nombreux hôtes de passage. Mais moi, je résiste, je ne souhaite pas partager mon espace, je ne veux pas céder ma place. Mon précieux carton délimite mon territoire. Il intrigue Joseph. Quand il comprend que je veux passer la nuit à leurs côtés, Joseph me dit : « Mon frère, tu as une communauté, un toit, ce n'est pas ta place ici, rentre dormir chez toi. Je ne comprends pas pourquoi tu es ici ? » Je lui réponds : « Je suis ici parce que Dieu est ici. » Joseph me regarde dans les yeux et après une courte pause déclare : « Alors, OK, reste ici et sois le bienvenu. »

Entre-temps, des hommes sont arrivés près de nous, ivres et agressifs. Ils m'interpellent. D'un bref regard, nous décidons, Joseph et moi, de nous éloigner. Pendant que je terminais une conversation, Joseph a pris mon sac, mon carton et nous a préparé un endroit plus sécurisant.

Ça alors ! ? ! Joseph s'est installé sur mon carton ! Il m'a donné la couverture sur laquelle il dort, voulant certainement m'honorer par ce geste. Elle est étroite, sale, puante. J'étais bien conscient de ma difficulté à céder mon espace, mais voilà que maintenant Joseph a pris mon carton ! Je me sens piégé. J'ai perdu ma place, je me suis fait avoir !

Au pied des gratte-ciel aux néons multicolores, à quelques pas de la gare du Nord, dans le silence de la nuit et la rumeur de la ville, Joseph et moi, nous prions le chapelet à voix basse. Des hommes sont couchés à quelques mètres de là et nous écoutent de loin. Après le *Salve Regina*, un jeune m'appelle. Il porte un petit sac à dos, il est maigre, sale, son jean est complètement déchiré. Il s'approche et m'adresse un sourire large et généreux. Il me met dans la main un billet de cinq euros. Je sens qu'il m'a donné tout ce qu'il avait et que je dois accepter le billet pour ne pas le vexer.

Ce geste m'a bouleversé : lui qui n'avait rien m'a tout donné à moi, attaché à mon carton, à mon espace. J'ai éclaté en sanglots. Heureusement, il faisait nuit. Personne ne m'a vu.

* * *

Dans un récit de la vie de saint François, quelqu'un le voit pleurer et lui demande : « Pourquoi pleures-tu ?

– Parce que l'amour n'est pas aimé », répond saint François.

Cette nuit-là, j'ai pleuré parce que je ne sais pas aimer.

À travers tous ces gestes d'amour, c'est comme si le Seigneur me disait : « Jack, combien de temps encore vas-tu rester attaché à ta vie, à ton confort, à tes objets, à ton temps, à ton agenda, à ton image… ? Combien de temps vas-tu rester attaché à tes cartons ? Car tout cela ne vaut pas plus que des cartons. »

CHAPITRE 11

LE DÉFI DE LA FRATERNITÉ

> Les frères qui par inspiration divine veulent aller parmi les Sarrasins et d'autres non-croyants peuvent le faire en deux manières. Une manière est de ne faire ni disputes ni querelles, mais d'être soumis à toute créature humaine à cause de Dieu et de confesser qu'ils sont chrétiens. L'autre manière est, lorsqu'ils verraient que cela plaît au Seigneur, d'annoncer la parole de Dieu, pour que les non-croyants croient en Dieu tout-puissant, Père, Fils et Saint Esprit (1Reg, 16).

Nous sommes fin septembre, une sorte d'été indien à Bruxelles. Je décide de retourner au parc Maximilien pour passer le week-end avec des personnes immigrées. Je sens que le Seigneur m'appelle à me rapprocher des pauvres qui, comme Lazare dans l'Évangile, « dorment devant ma porte ». Cette fois, je pars avec Théodore, un jeune homme camerounais ami de notre couvent, pour dormir à la belle étoile, à leurs côtés.

Nous arrivons au parc le vendredi en début de soirée. Choc ! Nous ne nous attendions pas à voir autant de monde concentré dans un si petit lieu. Environ deux cents personnes, en majorité des jeunes hommes originaires d'Afrique, sont assises par terre, seules ou en groupe, ou s'adonnent au foot ou à la gym.

Nous nous rapprochons d'abord d'un groupe d'Éthiopiens assis sur l'herbe, en train de boire et de parler. Pour faciliter le contact, nous proposons une tournée de biscuits et de chips. Je leur explique que je suis franciscain, que je parle anglais et que je viens d'Australie. Les trois femmes du groupe sont souriantes et accueillantes. Elles nous font comprendre dans leur pauvre anglais qu'elles sont chrétiennes. Je ressens, par contre, l'hostilité des hommes, qui nous regardent de travers et ne veulent pas entamer de discussion avec nous. « Mais qu'est-ce qu'ils nous veulent ? » murmurent-ils entre eux. Pour crier tout d'un coup : « Foutez le camp ! Vous nous prenez pour qui, vous ? »

Nous sentons l'électricité dans l'air. Il y a un risque sérieux que la situation ne dégénère. Nous ne voulons pas forcer le contact. Théodore et moi nous nous levons, les saluons et allons parler à d'autres gens, à une vingtaine de mètres.

Immédiatement après, Mohamed, un jeune musulman du groupe que nous venons de quitter, vient vers moi : « Pourquoi veux-tu nous parler ? me dit-il d'un ton agressif. Il n'y a qu'un seul Dieu et Mohamed est son prophète. Jésus n'est pas Fils de Dieu, il n'est qu'un prophète ! En plus, toi tu viens d'Australie. Un pays de m... Vous êtes des racistes, vous torturez les immigrés. »

C'est chaud et j'entre en mode survie. « Mon frère, je te laisse en paix. Excuse-moi. » Mais il continue dans le registre de la provocation, puis lève les mains, poings fermés, en position de boxe. Boxeur débutant ? Pas sûr ! Je recule d'un pas, en faisant le signe de la paix avec mes deux mains : « *Peace, peace. Please*, j'aime mon nez, ne me le casse pas. »

Mohamed sourit : visiblement, il me trouve rigolo. Il baisse les poings et je me rapproche de lui pour lui tendre la main : « Toi, t'es un combattant, un guerrier. On ne rigole pas avec toi ! » Voilà ce que je lui dis, en lui donnant une tape virile sur l'épaule.

On se taquine. Petit à petit, grâce à des blagues, de la douceur, de l'amour et une bonne dose d'Esprit Saint, Mohamed s'ouvre de plus en plus et notre relation devient amicale.

Avec Mohamed, mon expérience de la vie fraternelle en communauté me sert. Le Seigneur m'a donné des frères : huit hommes qui vivent ensemble (ça fait beaucoup de testostérone), avec des histoires, des personnalités, des visions, des sensibilités différentes. Le défi de la fraternité se pose souvent entre mes frères et moi. Chacun de nous apporte ses qualités et ses faiblesses et, avant d'aller prêcher la paix et la fraternité ailleurs, nous sommes appelés à la vivre et à la préserver entre nous. Fameux challenge, surtout quand les autres ne sont pas aussi parfaits que MOI !

Donc, Mohamed et moi sommes devenus potes, une sympathie mutuelle grandissant au cours de la conversation. « Pourquoi veux-tu passer le week-end dans ce trou à rats ? me demande-t-il tout perplexe. Tu as une maison et de l'eau chaude ! » J'essaie bêtement de le catéchiser par une réponse théologique : « Parce que le Fils de Dieu s'est abaissé pour vivre parmi les hommes. » Puis, j'essaie une autre réponse : « Parce que je suis franciscain et les franciscains font vœu de pauvreté. » Curieusement, il ne comprend toujours pas : « Mais ça n'a pas de sens. On n'a rien à faire ici quand on a de l'argent et des papiers.

– Écoute, Mohamed : Jésus aime les pauvres, les personnes immigrées, et nous sommes des disciples de Jésus. C'est lui qui nous invite à venir ici. » Il me regarde intensément en hochant la tête : « OK. Je comprends maintenant. Il est beau Jésus. » Je réponds : « Oui, il est très beau. »

La conversation avec Mohamed prend une allure vivante, fraternelle. On ne voit pas le temps passer. À un moment donné, on s'assied par terre, côte à côte, et nos jambes sont entrecroisées. Mohamed pose sa tête sur mon épaule. Je caresse son bras. Je sens combien il a soif d'affection, d'amour. Il me montre qu'il a du shit dans la main gauche, qu'il ouvre et referme de temps en temps. Il fixe le shit. Je lui dis : « Remets ça dans ta poche. Tu n'en as pas besoin. Tu as besoin de ton énergie, de ta volonté, d'être lucide si tu veux trouver un boulot. »

Il commence à se frapper la tête, une fois, deux fois, trois fois : « Je suis nul. J'ai quitté ma famille, j'ai traversé la mer et je suis arrivé en Europe. Je n'ai pas de boulot, je n'envoie pas d'argent. Je suis un raté. »

Je continue de caresser le bras de Mohamed : « Mohamed, veux-tu que nous priions ensemble Jésus, que nous lui demandions de t'aider ? » Mohamed commence à crier à haute voix : « Jésus ! Jésus ! Si tu es le messager de Dieu, sauve-moi. Jésus ! J'ai besoin de toi. »

Il y a une telle présence de l'Esprit avec nous que je sens qu'il est bon d'adorer Dieu. Je commence à chanter un chant tout simple, facile à apprendre : « *You are good, good, oooh !* » Mohamed, dès qu'il a appris la mélodie, se met à chanter avec moi à haute voix dans le parc :

« *You are good, good, oooh !* » La paix et la douceur de la prière apaisent son cœur. Nous restons en silence tout un temps pour goûter la paix de Dieu qui nous habite.

Peu après, Théodore nous rejoint. « Frère, il faut qu'on se prépare pour la nuit », me dit-il. Il venait de passer beaucoup de temps avec un groupe de jeunes. Nous partons avec Mohamed à la recherche de cartons et nous nous installons tout près d'un groupe d'Érythréens couchés par terre sur le terrain de basket. On se parle un peu, on prie un peu et on se souhaite bonne nuit.

Quelques gouttes, de plus en plus denses, et puis la « drache », comme on dit en Belgique ! Il est 2 heures du matin et nous sommes réveillés par une pluie battante. Tout le monde se presse pour ramasser ses affaires, ses cartons et chercher un abri. Théodore et moi courons vers un grand immeuble avec un large auvent. Dans l'agitation générale, nous avons perdu Mohamed et nos amis érythréens. Nous nous installons sur nos cartons, nous nous glissons dans nos sacs de couchage quand une voiture, tous phares allumés, s'approche de nous. C'est un garde de sécurité : « Vous ne pouvez pas rester là. C'est défendu. » Je le supplie : « S'il vous plaît. Il est 2 heures du matin, et en plus il pleut. Nous n'avons nulle part où aller. Ayez un peu de pitié !

–Non. Je dois faire mon boulot. Déguerpissez immédiatement. »

Je suis complètement découragé, j'ai presque envie de pleurer. Combien de personnes démunies sont confrontées à cela tous les jours ? Encore une fois, on ramasse cartons, sacs de couchage et on se met à marcher sous la pluie en cherchant un abri. Trempés et chassés au cœur de la nuit. Que faire dans de tels moments ? Chanter, bien sûr !

À pleine voix, Théodore et moi chantons : « Bénis Dieu, ô mon âme, magnifie son saint nom ! » Plus la pluie tombe, plus on chante. Théodore et moi sommes saisis par la joie et chantons encore plus fort : « Je suis dans la joie, une joie immense, je suis dans l'allégresse car mon Dieu m'a libéré ! »

Finalement, nous trouvons un endroit idéal, couvert et en sécurité, en face d'un parc. Moment de calme après ce temps de joie et d'euphorie, et puis, sans grande difficulté, nous tombons dans les bras de Morphée. Tout à coup, la voix douce d'une femme me réveille. J'ouvre les yeux. Je vois deux longues jambes devant moi, hauts talons, minijupe, mini, très mini ! Rêve ou réalité ? J'écarquille à nouveau les yeux. Réalité ! Une prostituée est en train de faire son travail là où nous dormons. Que faire ? Lui parler ? Comment l'aborder ? Je suis à moitié endormi. Pendant que je me motive pour trouver une accroche, elle s'éloigne. Je retourne « au lit » et me glisse dans mon sac de couchage en me disant : « Décidément, ce genre d'expérience ne m'arrive jamais au couvent ! »

* * *

Un frère « ministre » (supérieur) rend visite à une communauté franciscaine en proie à des querelles et des divisions. Pendant l'entretien individuel avec un des frères, le ministre lui rappelle que Jésus a dit : « Aimez-vous les uns les autres. » Le frère lui rétorque : « Les uns oui, mais les autres, non ! »

La fraternité est un défi de tous les jours ! C'est une réalité que nous « co-créons » avec Dieu. Comme un beau jardin, elle a besoin d'une attention continue et d'un travail incessant, sans quoi les mauvaises herbes de notre faiblesse humaine et de notre péché envahissent insidieusement les jolies fleurs plantées par Dieu.

De ces mauvaises herbes, saint François parle souvent dans ses écrits lorsque, par exemple, il met ses frères en garde contre les tentations de médisance, de jalousie, des jeux de pouvoir…

La fraternité est un lieu de conversion où je peux apprendre l'amour, le partage, le pardon, l'humilité, la complémentarité.

Elle n'est pas une question de *feeling* ou de *matching* ! Notre communion, en effet, n'est basée ni sur des affinités naturelles, ni sur une sympathie mutuelle spontanée : nous ne choisissons pas nos frères. « Le Seigneur m'a donné des frères », dit saint François.

Mon frère, je le reçois comme un don. Je décide de l'aimer et de chercher ce qui a de bon en lui.

Quel est le secret d'une fraternité qui tient la route ? La prière. Oui, la prière, d'abord, encore et toujours. Notre relation à Dieu nous a unis et nous garde unis, mes frères et moi. Ce n'est qu'en gardant nos yeux rivés sur lui que nous arrivons à voir plus haut que nos propres faiblesses et à marcher dans la même direction.

Le frère parfait selon saint François

Il serait un bon frère mineur, celui qui réunirait en lui la vie et les mérites de ces saints frères : la foi du frère Bernard qui l'avait aussi parfaite que son amour de la pauvreté ; la simplicité et la pureté du frère Léon qui fut réellement d'une très sainte pureté ; la courtoisie du frère Ange qui fut le premier chevalier qui entra dans l'Ordre et fut rempli de courtoisie et de bienveillance ; la distinction et le bon sens naturel du frère Massée avec sa belle et pieuse éloquence ; l'esprit élevé à la contemplation que le frère Gilles eut en toute perfection ; la prière vertueuse et constante du frère Rufin qui priait toujours sans arrêt, même en dormant, même en travaillant son esprit était toujours avec le Seigneur ; la patience du frère Genièvre qui parvint à un état de patience parfaite parce qu'il gardait constamment conscience de l'évidente réalité de sa propre bassesse et un grand désir d'imiter le Christ en suivant la voie de la Croix ; la vigueur corporelle et spirituelle du frère Jean des Louanges qui en ce temps surpassait en force corporelle les autres hommes ; la charité du frère Roger dont la vie entière et la conversation étaient inspirées par une fervente charité ; enfin l'inquiétude du frère Lucide qui fut toujours très préoccupé et qui ne voulait guère rester en un endroit plus d'un mois car quand il lui plaisait de s'arrêter en quelque lieu, il en repartait aussitôt en disant : « Nous n'avons point de demeure ici mais au ciel » (SP 85).

CHAPITRE 12

LA BURE

Tous ceux qui voyaient les frères s'étonnaient beaucoup du fait que, par l'habit et la vie, ils étaient différents de tous et qu'ils avaient l'air d'hommes des bois (3S 37).

Look d'hommes des bois ? Vraiment ? Disons que la bure ne laisse personne indifférent et que nous ne passons jamais inaperçus. Ça, c'est sûr !

Dans le quotidien de notre mission, nous avons fait le choix, les frères de ma communauté à Bruxelles ainsi que ceux de France, de porter l'habit franciscain tout le temps et en tout lieu, parce que nous pensons que le monde a besoin de signes visibles qui renvoient à Dieu. Par notre bure, nous évoquons sa présence dans le monde, ainsi que notre appartenance à notre Seigneur Jésus.

La bure nous permet de nouer d'innombrables contacts et relations pendant nos missions, nos déplacements et dans la vie de tous les jours.

Bruxelles. Période de post-confinement.

Ouf, on a le droit de sortir. J'ai été invité par Renaud, un copain qui gère un théâtre, à participer à une manifestation : l'enterrement de la culture. Le but est d'attirer l'attention sur la précarité de la situation des artistes, empêchés d'exercer leur métier à cause du covid.

L'endroit est noir de monde, c'est le cas de le dire ! Plus de quatre cents artistes en deuil, tout de noir vêtus, viennent assister à l'enterrement de la culture au Mont des Arts, un lieu symbolique. Une fausse tombe est dessinée sur le sol, près de laquelle se tient un comédien déguisé en prêtre pour recevoir les fleurs et les offrandes des artistes. Un autre comédien travesti en frère franciscain assiste le faux prêtre. Je suis accompagné de Charles-Éric, un jeune postulant. J'ai pris avec moi mon instrument de musique, mon hangpan.

Nous nous mêlons aux manifestants. Tous nous prennent pour des artistes venus manifester déguisés. Nous quittons les lieux et passons devant un groupe de quatre personnes qui parlent italien. Nous les saluons en italien. Ils nous interpellent : « Bravo les gars. Vous êtes plus vrais que nature, habillés comme ça !

– Je suis un vrai frère franciscain.

– Arrête ton char ! Tu te fous de nous. Tu crois qu'on va te croire avec ton instrument de musique ? D'ailleurs, on voit le tatouage sur ton bras. »

Je sors de la poche de ma bure mon chapelet et des images de Jésus. Ils rétorquent : « Pro jusqu'au bout : tu pousses loin le sens du détail ! En tout cas, vous êtes tous les deux de formidables acteurs : vous incarnez fameusement bien votre rôle. Que faites-vous maintenant ? » nous demandent-ils. Ils voulaient nous inviter à venir jouer du hangpan.

« Nous aimerions accepter votre invitation, mais nous devons filer, pour célébrer l'office en direct sur internet depuis notre église dans dix minutes.

– Stop. Arrêtez, là ! éclatent-ils de rire.

– Nous sommes sérieux, connectez-vous sur notre site internet. Nous vous ferons un petit coucou au début de la célébration », leur dis-je en les quittant.

Et c'est ce que nous avons fait. De cet épisode est née une amitié avec Pietro, un des quatre artistes d'origine italienne.

—

Notre bure qui date du XIIIe siècle crée souvent l'intérêt, le questionnement, la surprise.

J'étais un jour en mission en Italie avec un frère brésilien, Jalson, dans une ville pauvre où régnait une forte délinquance. Un soir, impossible de trouver un endroit correct pour passer la nuit. Finalement, nous décidons de dormir sous l'auvent d'une agence bancaire, entourés de toutes parts de lumières et de néons. Difficile de fermer l'œil, car nous ne nous sentons pas en sécurité. Nous dormons donc avec un œil ouvert. Vers 2 heures du matin, nous entendons des pas, des cris. Ce sont des jeunes qui s'approchent de nous. Ils donnent un coup de pied dans notre sac de couchage et hurlent : « Que faites-vous là ? » Ils nous traitent de tous les noms et cherchent visiblement la bagarre. Agresser pour le plaisir d'agresser ! Jalson et moi, nous ouvrons nos sacs de couchage et nous nous levons. Les jeunes s'arrêtent net. Ils n'en reviennent pas : deux frères franciscains ! Il faisait si froid que nous nous étions glissés dans notre sac de couchage en gardant notre bure. Les jeunes sont bluffés. Nous les sermonnons : « Mais pourquoi, bon sang, agressez-vous des pauvres, des personnes qui ne vous ont rien fait ?

– On a cru que vous étiez des immigrés, des Tziganes qui volent et violent », nous répondent-ils.

Frère Jalson et moi avons passé une partie de la nuit avec eux. Rencontre inattendue, échanges sur la vie, les difficultés, la violence.

L'habit les a surpris, l'habit nous a sauvés !

—

La bure peut « connecter » ou « déconnecter ». Parfois, elle est perçue comme un signe provocant ou prosélyte, et suscite désapprobation et rejet.

Bruxelles, ville riche, capitale de l'Europe, et en même temps ville où la pauvreté est très présente. Notre couvent est situé au cœur de ce qui est appelé « le croissant pauvre ». Ce jour-là, je suis parti avec une amie, Claire, à la rencontre d'associations qui offrent aux personnes démunies accueil, douche, nourriture et suivi social. Je veux connaître les services actifs dans notre quartier pour créer des liens et mieux aider les personnes que nous rencontrons ou qui viennent à nous. L'accueil est chaleureux. Je suis heureux d'apprendre l'existence de ces différents services sociaux à un jet de pierre de mon couvent.

Et puis nous arrivons dans un centre où, à la seule vue de mon habit, le travailleur social demande à parler à Claire en aparté. Je reste dans la salle d'attente. Après quelques minutes, Claire sort choquée. Interdiction pour moi d'entrer, car ma bure pourrait heurter certains usagers, en particulier ceux de confessions différentes. Je quitte les lieux en ayant une pensée pour le prêtre qui a fondé ce centre social il y a cinquante ans : chacun y est accueilli, mais pas moi, un frère franciscain qui porte la bure !

* * *

Au-delà des réactions positives et parfois négatives, quand je porte la bure, je me sens dans ma peau. Elle représente mon appartenance à l'Église et à la famille franciscaine. Elle incarne mon appel, ma vocation. Tous les jours, elle me rappelle qui je suis et celui que je suis appelé à devenir.

CHAPITRE 13

CHANTE MON ÂME

> Parfois, j'ai vu François de mes yeux, ramasser à terre un morceau de bois, le poser sur son bras gauche et le racler d'une baguette, comme s'il avait promené un archet sur la viole : il mimait ainsi l'accompagnement des louanges qu'il chantait au Seigneur en français (2C 127).

Comment partager mes expériences de mission itinérante ? Comment, en particulier, transmettre ce que j'ai appris ces dernières années à des jeunes qui veulent vivre l'Évangile autrement ? Nouveau défi, nouvelle mission ! Pour la première fois, je suis parti en itinérance avec un groupe de jeunes, trois filles et deux garçons, qui ont entre 20 et 30 ans, dans une ville belge, pendant la crise du covid. Un des jeunes, Hugo, est un franciscain qui étudie à Padoue.

Comme d'habitude, nous partons sans argent, sans nourriture, sans savoir où passer la nuit, mais cette fois, grande nouveauté : j'ai avec moi un groupe d'excellents musiciens et chanteurs avec des tentes sur le dos. Par le chant et la musique, nous pouvons répandre dans la ville le parfum de la louange et apporter la beauté de la prière dans les jardins et les maisons de ceux qui nous accueillent. Notre groupe de jeunes louangeurs est mobile, dynamique, sympathique, attirant. Je peux faire confiance à Dieu et au groupe. Cela ne peut que marcher. Je suis optimiste.

Deuxième jour de mission. 9 h 30. Nous sommes tous joyeux, en pleine forme. Nous venons de quitter la maison de Paul et Roger, qui nous ont chaleureusement accueillis la nuit précédente. Incroyable ! Hier, à 21 h 30, alors qu'on s'adressait depuis la rue à une dame perchée à la fenêtre du deuxième étage de sa maison pour lui demander si nous pouvions planter nos tentes dans son jardin, Paul, assis dans une voiture tout près de nous, dit à frère Hugo : « Les gars, c'est trop tard ! À cette heure-ci, personne ne va vous accueillir ! Si vous voulez, j'ai une maison et un jardin à vingt minutes d'ici. Venez avec moi. » Nous avons passé une soirée superbe chez Paul et Roger. Grâce à cette rencontre du premier jour, nous savons que Dieu nous précède. La mission part sur les chapeaux de roues !

Je propose au groupe d'aller explorer la ville et de partir à la recherche d'une église pour assister à la messe. À six, nous traversons la cité, chargés comme des mulets : nous portons nos gros sacs à dos, nos tentes, nos instruments de musique et évidemment nos masques. Nous attirons l'attention. Dès que l'un de nous est interpellé par quelqu'un, le groupe se divise en deux. La règle est simple : trois restent avec la personne pour parler et les trois autres continuent leur chemin. Plus facile en effet de parler avec quelqu'un à trois qu'à six.

Pendant que nous sommes en train de marcher pour aller chercher les pique-niques préparés par une personne que nous avions rencontrée à la sortie de la messe, Joachim est interpellé par une maman africaine, Malou. Elle veut savoir qui nous sommes, pourquoi nous sommes là. Joachim, frère Hugo et Nyoni restent pour lui parler tandis que je traverse la rue avec Sophie et Amandine.

Tout de suite après, devant un supermarché, nous rencontrons un homme en train de faire la manche. Il joue de la guitare. « Puis-je jouer avec toi ? » Je lui montre mon djembé. « Bien sûr ! » me dit-il. Je m'assieds par terre à côté de lui. Jouer à deux donne du peps. Entre-temps, Amandine et Sophie rencontrent Jean et deux de ses amis. Ils viennent de sortir du magasin et déposent de la monnaie dans « notre » panier. Les filles leur parlent de la mission.

De mon côté, je suis toujours assis par terre à jouer du djembé avec Claude. Nous avons du succès. En très peu du temps, nous avons gagné sept euros et quarante centimes. Je ris intérieurement en imaginant la tête de mon père s'il me voyait assis dans la rue en train de faire la manche. Il se dirait qu'il a complètement raté l'éducation de son fils !

Je tourne la tête et vois Joaquim, frère Hugo et Nyoni venir vers moi tout sourire. Visiblement, il y a de la bonne nouvelle dans l'air ! « Les gars, les gars ! On sera accueillis tous les six chez Malou ce soir ! » Sophie et Amandine entendent la nouvelle et immédiatement Jean, l'homme avec qui elles parlaient, ajoute : « Et bienvenue chez moi demain soir ! Je vous prépare une goulash dont vous vous souviendrez ! »

Explosion de joie. Les jeunes, en règle générale, sont en matière inflammable ! Et effectivement, ils prennent feu, absolument comme si la Belgique venait de gagner la Coupe du monde ! Ça chante, ça danse, ça déborde ! Fête en pleine journée devant un supermarché quelconque. Nos nouveaux amis, Jean et Claude, tout étonnés par l'énergie et l'enthousiasme des jeunes, se laissent entraîner par leur joie.

Nous voyons des habitants qui, de la fenêtre de leur maison, commencent à battre des mains au son du djembé. Nous entrons dans un cercle vertueux. La beauté des chants attire les rencontres et les rencontres augmentent l'intensité des chants. Et cela malgré la peur et les restrictions du covid ! Ce n'est pas ce fichu virus qui est contagieux, c'est la joie.

Dans ces moments-là, le même phénomène se produit toujours : nous avons l'impression que le ciel est ouvert et que nous entrons dans une autre dimension, une espèce de nuage spirituel. Là, les rencontres se font avec facilité, les cœurs s'ouvrent, se laissent toucher. L'annonce de la Parole est directe, facile, elle coule de source presque sans effort. Dans cet espace, il n'y a plus ni peur, ni inhibition, mais nous expérimentons la confiance, l'assurance et la liberté dans l'Esprit Saint. Comme je voudrais y habiter tout le temps !

En milieu de journée, nous nous rendons dans un parc pour prendre un temps de repos au bord d'un étang. Sacro-sainte sieste franciscaine ! Puis nous retournons « au boulot ». Nous nous divisons en deux groupes. Quatre jeunes restent au parc et se mettent à parler à des enfants et à leur apprendre un chant et une danse. Jeunes et enfants se régalent.

Nyoni et moi, nous retournons en ville, nous nous baladons calmement, guitare et djembé à la main. Il faut dire que Nyoni a une voix belle et puissante. Quand elle chante, ce n'est pas un simple chant. On sent qu'elle vit ce chant, qu'elle y croit avec tout son cœur. Voilà la différence entre louer et « faire du chant ».

Nous apercevons deux ados assis sur un banc. Ils nous voient avec nos instruments, en train de marcher et chanter. Nous nous dirigeons vers eux. « C'est beau ce que vous chantez. Vous avez une très belle voix », dit la fille.

« Merci beaucoup », répond Nyoni et puis elle y va cash : « Nous sommes des chrétiens et nous passons une semaine dans votre ville pour partager la joie de Jésus-Christ ressuscité. » Les ados prennent une mine perplexe et ne savent pas comment réagir. « En fait, quand Jésus entre dans ta vie, il la remplit de lumière, si bien que, lorsque tu te réveilles le matin, tu as la musique dans ton cœur. C'est pour cela que nous chantons. Jésus a-t-il une place dans votre vie ?

– J'ai été baptisé, répond le garçon. J'ai fait ma confirmation mais je ne sais plus trop quoi en penser.

– Ma famille n'est pas vraiment croyante, dit à son tour la jeune fille. Mais je ne suis pas contre la religion. À vrai dire, je n'y ai jamais trop réfléchi.

– Avez-vous envie d'écouter un chant que j'ai écrit ? leur demandé-je. Il décrit ce que Dieu a fait pour moi dans ma vie.

– Oui ! Avec plaisir ! » nous répondent-ils.

Nyoni et moi nous nous préparons. Puis un, deux, trois, quatre :

« Pardonné de toutes mes fautes,
Libéré de mes offenses,
Je sens mon cœur se dilater.
Appelé par pure grâce,
J'ai reçu une deuxième chance,
Ma vie ne sera jamais plus la même.
Frappé par sa douce bonté,
Touché par sa proximité,
Je sens mon âme monter en flèche.
Dieu m'a sauvé, il m'a gardé,
À ma vie il s'est attaché.
Chante mon âme la gloire de ton Dieu :
Ô Gloire à toi, gloire à toi, gloire à toi, sois loué à jamais. »

Les deux ados applaudissent, tout joyeux : « C'est trop stylé. En plus c'est moderne. Et c'est vous qui l'avez écrit ?

– Oui, ce chant raconte ma conversion. Quand j'étais jeune comme vous, pour tout vous dire, je me suis égaré dans la drogue. J'ai fait vraiment beaucoup de conneries, car je ne savais pas quoi faire de ma vie. Puis, à 21 ans, j'ai rencontré le Dieu de Jésus qui a complètement changé ma vie. C'est ce que vous venez d'écouter : la miséricorde, une deuxième chance, une vie transformée, un appel. »

Je sens que, grâce à mon chant, ces jeunes écoutent volontiers mon témoignage. « C'est vraiment trop beau », disent-ils. Nyoni sort de sa poche deux images de Jésus avec une prière au verso. « Avant de vous quitter, un petit cadeau pour vous, les jeunes. C'est Jésus. Vous pouvez le suivre, c'est un fameux compagnon de route. Et si vous ne savez pas quoi lui dire, vous pouvez réciter cette prière. »

Ils nous remercient et prennent la prière. Nous nous saluons, puis Nyoni et moi partons rejoindre les autres.

* * *

Qui peut décrire Dieu, Dieu au-delà des mots ? Dieu, le tout autre, le trois fois Saint ?

Quand Dieu fait irruption dans la vie de quelqu'un, quand il touche son âme, cette rencontre est mystérieuse, indescriptible.

C'est ce qui m'est arrivé. L'irruption de Dieu dans ma vie, ma conversion, je ne pourrais la décrire. J'ai tenté et tente de témoigner, de partager ma rencontre avec lui, mon appel, ma vocation, mais jamais les mots ne suffisent. Nos mots humains sont toujours trop pauvres, trop courts.

Puissance de l'art pour parler de Dieu ! Oui, il y a des choses que l'on ne peut dire de lui qu'à travers l'art, la sculpture, la peinture, la poésie, la musique, le chant.

L'art pour dire quelque chose de Dieu, de son action, de manière symbolique, en s'ouvrant à l'infini, à l'éternel, au mystère, sans avoir la prétention de le contenir.

Dieu, toujours plus grand !

Prière de saint François :
Le Cantique des créatures

Très haut, tout-puissant et bon Seigneur,
à toi la louange, la gloire, l'honneur, et toute bénédiction.
À toi seul, Très-Haut, ils conviennent,
et nul homme n'est digne de te nommer.
Loué sois-tu, mon Seigneur, avec toutes tes créatures,
spécialement messire frère Soleil, qui fait le jour :
par lui tu nous illumines.
Il est beau, rayonnant d'une grande splendeur :
De toi, Très-Haut, il est le symbole.
Loué sois-tu, mon Seigneur, pour sœur Lune et les étoiles :
dans le ciel tu les as formées claires, précieuses et belles.
Loué sois-tu, mon Seigneur, pour frère Vent
et pour l'air et les nuages, pour le ciel serein
et tous les temps : par eux, tu soutiens tes créatures.
Loué sois-tu, mon Seigneur, pour sœur Eau,
qui est très utile et humble, précieuse et chaste.
Loué sois-tu, mon Seigneur, pour frère Feu,
par qui tu illumines la nuit :
il est beau et joyeux, robuste et fort.
Loué sois-tu, mon Seigneur,
pour sœur notre mère la Terre,
Elle nous porte et nous nourrit,
elle produit la diversité des fruits
Avec les fleurs colorées et l'herbe.

Loué sois-tu, mon Seigneur, pour ceux qui pardonnent
par amour pour toi, qui supportent épreuves et maladies :
heureux s'ils conservent la paix,
car par toi, Très-haut, ils seront couronnés.
Loué sois-tu, mon Seigneur,
pour notre sœur la Mort corporelle,
à qui nul homme vivant ne peut échapper.
Malheureux ceux qui meurent en péché mortel.
Heureux ceux qu'elle trouvera en tes saintes volontés,
car la seconde mort ne pourra leur nuire.
Louez et bénissez mon Seigneur,
rendez-lui grâce et servez-le en toute humilité.

CHAPITRE 14

PÈLERIN ET ÉTRANGER

> Que les frères ne s'approprient rien, ni maison, ni lieu, ni quoi que ce soit. Et comme des pèlerins et des étrangers en ce siècle, servant le Seigneur dans la pauvreté et l'humilité, qu'ils aillent à l'aumône avec confiance ; et il ne faut pas qu'ils aient honte, car le Seigneur s'est rendu pauvre pour nous en ce monde (2Reg 6).

« Jack, as-tu confiance en moi ? » Je sens que c'est la question que Dieu me pose. Organiser une marche « à la franciscaine » en Bretagne avec quinze jeunes étudiants, partir sans argent, avec seulement un sac à dos et des tentes, c'est audacieux, surtout avec un si grand groupe.

Le premier jour, avant un temps de prière, je prononce un petit discours : « Ne pensez pas que nous sommes en train d'exploiter les gens en mendiant. La vie ne se réduit pas à la loi du marché, aux biens et à la consommation. Nous croyons fermement dans d'autres valeurs comme la gratuité, la bonté, la générosité, la fraternité. Vous verrez, à ceux qui nous accueillent, nous allons offrir quelque chose que l'argent ne peut pas acheter : par notre fraternité, notre joie et notre prière, ils se sentiront visités par Dieu. »

Nous commençons notre marche à Lannion et longerons la côte jusqu'à Roscoff, où une famille nous attendra à la fin de la semaine. La côte bretonne est magique, les paysages divinement beaux. Au son de la guitare et du djembé, nous chantons les louanges de Dieu à travers plages, forêts et champs. Nous sentons que la mer, le ciel, les arbres, les oiseaux, toute la création s'unissent à notre prière. Tout parle de Dieu et renvoie vers la bonté du Créateur. On comprend tellement bien François qui s'extasiait devant la création. Frère soleil, sœur lune et sœur eau, comme il les appelait dans le Cantique des créatures, sont tous le fruit de l'amour débordant du Père, créés pour le glorifier.

Le soir tombe, nous arrivons dans un village. Le temps presse. Qui va accueillir chez lui un groupe de seize personnes qu'il ne connaît ni d'Ève ni d'Adam ? Trois binômes partent en explorateurs pour trouver un lieu où planter les tentes. Anne et moi, nous frappons à la porte d'une maison avec un beau jardin rempli d'hortensias bleus et une superbe vue sur la mer.

Un trentenaire, cheveux longs et bouclés, habillés de manière décontractée, nous ouvre la porte. Nous nous présentons et Vincent, très sympa, nous dit : « Vous êtes les bienvenus chez nous. Notre jardin n'est pas tout à fait plat, mais on va vous aider. » Sa compagne, Latifa, d'origine marocaine, grands yeux bruns, souriante, ajoute : « Je vais faire chauffer de l'eau pour le thé et voir ce qu'il nous reste à manger. »

Les jeunes nous rejoignent et nous offrons toute la nourriture reçue dans les autres maisons pour ne pas vider les stocks de Vincent et Latifa.

Assis sur la terrasse en sirotant un thé à la menthe, j'explique à Vincent notre démarche itinérante et nos motivations religieuses. Mais il est assez blasé. « Moi aussi j'ai beaucoup voyagé. J'ai bourlingué avec mon sac à dos en Asie, en Inde et dans plusieurs pays d'Europe, et je n'ai jamais manqué de rien. Ça m'a ouvert l'esprit à plein de choses et m'a enseigné la confiance. Je ne suis pas du tout croyant et je ne pense pas qu'il est nécessaire de croire en Dieu pour faire ce que vous faites. » Latifa ajoute : « Je me méfie un peu de la religion. Les règles, les rites, la pression de la communauté, le regard opprimant d'un Dieu despote n'aident pas à devenir libre. C'est accueillir la vie qui se donne gratuitement qui apporte le bonheur. Un peu comme ce soir : rien de spécial n'était prévu au programme et vous ajoutez de la couleur à une journée ordinaire. »

Il fait nuit. Nous venons de déguster les pâtes cuisinées par Latifa et deux jeunes. Je demande à Vincent si cela le dérange que nous chantions. « Pas du tout. Vous pouvez même vous installer dans notre salon. » Je lui propose de se joindre à nous, mais Vincent décline gentiment mon invitation. Latifa n'est pas intéressée non plus. Elle nous salue et va dormir.

Une fois que tous les jeunes sont assis dans le salon, Antoine sort sa guitare et nous commençons à louer Dieu. Les filles chantent, divinement, à plusieurs voix, et le percussionniste de service augmente l'intensité des chants. Vincent, debout dans la cuisine, nous observe. La prière est courte et intense, puis, sans plus tarder, nous nous souhaitons bonne nuit.

Le lendemain, au réveil, nous nous retrouvons au salon pour commencer la journée par un temps de prière. Cette fois-ci, Latifa et Vincent sont là, main dans la main, pour nous écouter chanter. Visiblement, ils apprécient l'énergie positive dégagée par la prière des jeunes. À un moment donné, nous créons un cercle, chacun prend son voisin par l'épaule et ensemble nous entamons un chant à l'Esprit Saint. Thérèse se tourne vers Vincent et Latifa et leur fait signe de venir nous rejoindre. Ils s'ajoutent au cercle pendant que nous chantons : « Descends sur nous ô Esprit Saint, descends sur nous ! »

La prière terminée, nous prenons le petit-déjeuner préparé par Latifa. « Vous m'avez donné une autre vision de la religion. Merci pour la paix, la joie que vous avez apportées dans notre maison. Et puis c'est beau de voir ces jeunes, cette communion dans le groupe. » Vincent ajoute : « Pendant la prière, j'ai senti un truc que je ne pourrais pas décrire. Même maintenant, je sens comme un baume apaisant à l'intérieur de moi. »

L'heure du départ est arrivée. Nous devons mettre les voiles, le chemin est encore long. Bénédiction sur Vincent et à Latifa, échange de coordonnées, selfie, et puis notre groupe se met joyeusement en marche.

Pour goûter le calme matinal et entrer plus facilement dans la prière, je propose aux jeunes une heure de marche en silence. Nourri par ce que nous vivons, je sens que mon cœur est large, ouvert, qu'il ressemble aux paysages inondés de lumière qui s'offrent à moi. Puis, en regardant les grandes et belles maisons dispersées sur les jolies collines à l'horizon, j'ai un flash d'éternité. Je ne suis pas fait pour ce monde, mais pour Dieu ! Ma patrie n'est pas ici. Je ne suis qu'un pèlerin et un étranger sur la terre.

Peu de temps après, deuxième flash, mais beaucoup moins mystique cette fois : notre groupe compte un membre de plus. Un chien nous suit. « Oh, qu'il est mignon. Le pauvre, il est perdu ! » dit Lara. « Oh, et il a faim ! » ajoute Anne-Gaëlle. Les jeunes s'intéressent à lui et commencent à le caresser. « Ne lui prêtez pas votre attention, ne lui donnez pas à manger. Être accueillis à seize pour la nuit, c'est déjà un challenge, mais en plus, débarquer chez les gens avec un chien, c'est trop. » Les jeunes ne m'écoutent pas : ils donnent des friandises au chien. C'est fichu. Je sens qu'il me faut jouer mon rôle de chef, de guide, de père en pensant à ce soir et pas uniquement au plaisir du moment avec ce pauvre chien. Je prends un bâton pour chasser l'animal et lui fais comprendre ouvertement (avec une certaine violence, paraît-il) qu'il n'est pas le bienvenu dans le groupe. Le chien baisse la tête et se couche par terre, effrayé par mes menaces. Certaines filles ne sont pas contentes et se mettent à crier : « Tu es un faux frère franciscain ! Saint François aimait la nature et tous les animaux. »

Pendant une demi-seconde, je me sens légèrement coupable ! C'est vrai que saint François parlait aux oiseaux, qu'il ramassait sur son chemin les vermisseaux pour ne pas les fouler aux pieds, et qu'il est même parvenu à amadouer le loup de Gubbio. Mais je ne suis pas saint François d'Assise et je ne lis nulle part qu'il ait jamais été responsable d'un groupe de quinze jeunes, partis faire un camp itinérant ! Je crie : « Je vous le redis : Ne donnez pas à manger au chien ! »

Le chien finit par prendre un autre chemin. Alleluia ! Le climat dans le groupe est à nouveau au beau fixe. Nous nous arrêtons au bord de la mer. « Petite » baignade, « petite » sieste au soleil, « petit » goûter (en français tout est petit ! J'adore). Puis nous poursuivons notre route.

Nous arrivons dans une localité chic, une station balnéaire prisée avec de grandes plages de sable fin et de belles résidences secondaires. Un petit coin de paradis, si ce n'est que les habitants sont plutôt distants à notre égard. Nous passons un temps fou à chercher un endroit pour la nuit. En vain ! Nous trouvons aussi difficilement à manger. Nous pensions être tirés d'affaire avec la boulangère du village qui nous avait donné rendez-vous à 19 heures, mais quand nous arrivons, les volets sont déjà tirés, le commerce est fermé.

Je décide de partir en éclaireur avec Constance. Nous sortons un peu du village et frappons à plusieurs portes jusqu'à ce que nous tombions chez Marie-Agnès. Petite, ronde, elle doit avoir dans la cinquantaine. Elle a les yeux tristes et le visage las comme si elle portait le poids du monde sur ses épaules. « Je n'ai rien à vous donner à manger, mais j'ai un petit jardin. Si vous voulez, vous pouvez planter vos tentes derrière la maison. »

Nous envoyons la bonne nouvelle aux autres par SMS. « Oh, comme vous êtes nombreux ! » s'exclame Marie-Agnès en ouvrant la porte de sa maison aux jeunes pour qu'ils puissent accéder à son jardin. Nous posons nos sacs et nous nous mettons directement à monter nos tentes.

« Yannick ! Nous avons des invités », crie Marie-Agnès. Au bout d'une minute, un jeune homme de 21 ans, trisomique, sort de la maison et s'approche timidement de sa maman pour comprendre ce qui se passe dans son jardin.

« Ce sont des jeunes comme toi. Ce soir, ils vont dormir chez nous », dit Marie-Agnès. Yannick veut nous dire bonjour, mais il a du mal à s'exprimer. Les jeunes se présentent à lui. Il s'insère rapidement dans le groupe. Ils lui montrent des photos de la marche et lui apprennent à tenir une guitare. Yannick va chercher les dessins qu'il vient de réaliser. Les contacts entre lui et les jeunes sont d'une grande beauté. Les gestes de tendresse et d'affection me touchent et émeuvent Marie-Agnès, chez qui je sens une certaine tristesse.

« C'est dur ! me confie-t-elle. Je suis seule à m'occuper de Yannick. Mon mari s'est barré, j'ai dû quitter mon boulot pour prendre soin de mon fils. J'ai des soucis de santé. Je ne sais pas s'il faut remercier le ciel, mais au moins l'argent n'est pas un problème grâce à l'héritage de mes parents.

– Tu parles du ciel, tu es croyante ?

– C'est difficile de croire quand on ne fait que ramer dans la vie. » À peine a-t-elle fini sa phrase que Yannick la réclame.

Marie-Agnès vient nous apporter un assortiment de biscuits, chips et boissons. Antoine commence à jouer de la guitare. Nous enchaînons avec des chants joyeux. Yannick est aux anges ! Il rit de bon cœur en battant des mains et Marie-Agnès se détend de plus en plus, même si elle est un peu gênée par la lenteur de son fils lorsqu'il prend la parole.

Et voilà maintenant qu'elle sort deux bouteilles de vin. Elle allume la chaîne stéréo, met un CD de musique bretonne et nous explique l'origine de ces chants bretons. « Venez ici les filles, je vais vous enseigner une danse du pays. Faites comme moi. » Il faut peu de temps pour que les garçons s'y mettent eux aussi.

Qu'est-ce qu'on s'éclate ! De prime abord, quand on regarde Marie-Agnès, la danse paraît simple, mais en fait, pas si facile que ça ! Bon, petit à petit, on la maîtrise !

Pendant que les autres dansent, je demande discrètement à Antoine de reprendre sa guitare, de lancer un chant entraînant et puis d'enchaîner avec un chant plus calme.

L'ambiance dans la maison a changé. Tout devient plus priant, plus recueilli. Nous prions à haute voix avec une musique en arrière-fond : « Seigneur, merci pour cette maison, merci pour Marie-Agnès et pour Yannick. Que ta bénédiction descende sur eux et qu'elle les remplisse de ton amour et ta douce force. »

Marie-Agnès ferme les yeux pour goûter la présence de l'Esprit pendant que Yannick enveloppe Django, un de nos jeunes, dans un grand câlin affectueux. C'est bouleversant de tendresse.

La fête et la prière terminées, nous nous retirons dans nos tentes pour refaire nos forces et reprendre la marche le lendemain.

* * *

Deux franciscains sont partis à pied à Jérusalem, en pèlerinage. Un jour le plus jeune dit au plus âgé : « J'ai hâte d'arriver à Jérusalem. Je serai l'homme le plus heureux du monde une fois que nous serons arrivés. » Tout à coup, le vieux s'arrête. Il pose un regard admiratif sur le jeune frère. Puis il ferme les yeux et inspire profondément l'air pur de la campagne. Ensuite, le vieux frère se retourne pour regarder la couleur des pierres du chemin parcouru, et puis, en observant devant lui, il se laisse captiver par la forme des arbres au bord de la route. Enfin, il dit au jeune : « Mon frère, je ne veux pas te décevoir, mais le bonheur ne t'attend pas à Jérusalem. Tu l'as déjà. Le bonheur est dans la marche elle-même. »

CHAPITRE 15

LA GRÂCE

« Pourquoi à toi ? Pourquoi à toi ? Pourquoi à toi ? » Saint François répondit : « Que veux-tu dire ? » Frère Massée dit : « Je dis : pourquoi tout le monde court-il après toi et pourquoi chacun semble-t-il désirer de te voir, et de t'entendre et de t'obéir ? De corps, tu n'es pas un bel homme, tu n'as pas grande science, tu n'es pas noble ; d'où te vient-il donc, que tout le monde court après toi ?
– Tu veux savoir pourquoi à moi ? Parce que les yeux très saints de Dieu n'ont vu parmi les pécheurs personne de plus vil, de plus insuffisant, ni plus grand pécheur que moi... afin que l'on connaisse que toute vertu et tout bien viennent de lui et non de la créature » (Fior 10).

Je suis en mission à Namur avec frère Hugo et quatre jeunes. Malgré la règle que j'ai instituée au début de la mission, « quand vous mendiez, n'acceptez pas d'argent, seulement nourriture et logement », nous nous sommes enrichis ! Quelques fois, en effet, nous avons été obligés d'accepter de l'argent par « charité », pour ne pas vexer la personne.

Ainsi, frère Hugo, Amandine et Nyoni sont en train de chanter dans le centre-ville lorsqu'un pasteur protestant et sa femme s'approchent d'eux et reprennent en chœur ces chants religieux qu'ils connaissent eux aussi. Quand les jeunes leur expliquent notre démarche, le pasteur fait immédiatement le lien avec l'Évangile de l'envoi en mission des disciples. Il sort de sa poche soixante euros. Les jeunes, qui ont bien reçu mon message, refusent gentiment l'argent et lui demandent plutôt quelque chose à manger. Le pasteur, qui ne manque pas de repartie, leur répond : « Figurez-vous, les gars, que je n'ai pas de pizzas dans les poches ! Prenez l'argent et achetez-vous quelque chose à manger. »

Nous voilà donc avec soixante euros qu'il faut soit donner soit dépenser. J'ai une idée, je la propose aux jeunes : « Nous allons nous diviser en deux groupes. Chaque groupe ira à la recherche d'une personne qui fait la manche (nous en avons déjà rencontré plusieurs depuis le début de la mission) pour l'inviter à manger un repas chaud dans un bar ou un restau. Ne lui donnez pas simplement l'argent. Je vous propose de passer ce temps avec la personne, assis face à face, en mangeant la même chose qu'elle. » Les jeunes sont partants.

Objectif fixé. *Let's go* : action ! Je pars avec Nyoni et trente euros en poche à la recherche d'une personne pauvre avec qui partager un repas.

Pendant que nous marchons dans le centre-ville, nous apercevons un groupe d'une vingtaine de personnes, hommes et femmes, en train de parler devant l'entrée d'un bâtiment. Parmi eux, une femme fixe son regard sur nous en souriant. Nous traversons la rue pour lui parler. Nous avons l'impression que certains, dans le groupe, nous regardent de travers. Sans doute se demandent-ils ce que nous leur voulons !

« Je suis un frère franciscain et Nyoni est une jeune musicienne qui travaille à la pastorale des jeunes. Vous êtes nombreux. Que se passe-t-il ici ?

– Nous venons de terminer notre réunion des AA : Alcooliques Anonymes. (Elle insiste sur « anonyme ».) Je ne suis pas censée t'en parler, mais je vois que tu es un homme de Dieu. Les gens ici ont tous des problèmes avec l'alcool et souvent aussi avec d'autres addictions. Certains viennent volontairement, d'autres y sont obligés par le juge. Et vous, que faites-vous à Namur avec votre sac à dos, en mode pèlerins ? »

Nyoni et moi nous regardons, puis je lance : « Nous allions manger un morceau, on t'invite à déjeuner avec nous. Cela te dit ? » Bernadette hésite un peu. Apparemment, elle est censée aller manger avec les autres. « Avec plaisir. Pour une fois, tant pis pour le groupe. »

Nous marchons une dizaine de minutes pour trouver un bar bon marché. Nous nous installons à une terrasse près de la Bourse et nous commandons une spécialité belge : des boulets à la liégeoise.

Bernadette est une jolie femme, quarante ans à peine, mince, cheveux longs, les dents abîmées. Son visage porte les traces de la drogue, sa peau est typique de celle d'une personne toxicomane. « L'héro a bousillé mon corps », comme elle dit.

Nous mangeons avec appétit nos boulets. Bernadette commence à se raconter à cœur ouvert : « C'est la troisième fois que j'entre en désintox. La première fois, c'était pour me débarrasser de l'héroïne. Mon copain de l'époque m'a fait rentrer dans cette saloperie. J'ai fini à la rue. Mais le décès de ma mère m'a secouée un grand coup et m'a motivée à chercher de l'aide. La deuxième fois, c'était pour me libérer de ma dépendance aux antidépresseurs. J'entame ma troisième cure. Je viens de commencer chez les AA. Cette fois-ci, pour l'alcool. »

Je l'écoute puis lui pose la question : « Pourquoi, selon toi, retombes-tu chaque fois dans la dépendance ? » Elle me répond en soupirant : « J'ai cette faiblesse. Disons que la vie n'est pas aussi géniale qu'on le dit : il y a beaucoup de jours gris et vides. Très souvent, je me demande ce que je fiche ici. En me droguant, je voulais partir ailleurs, me déconnecter de tout, me sentir heureuse tout simplement. Les thérapeutes m'ont aidée à comprendre que mes addictions sont une fuite, je m'évade de la réalité. Ils ont raison. Il n'y a pas longtemps, j'ai travaillé comme secrétaire et je m'en sortais pas si mal, mais les angoisses étaient toujours là. Les responsabilités, les échéances, la pression me stressaient. Donc j'ai craqué, et je suis retombée dans le piège.

– Ça me parle, tout ça, lui dis-je en opinant de la tête. Quand j'étais jeune et que je me droguais, moi aussi je fuyais la vie. J'étais là, je veux dire physiquement, mais en même temps, je n'étais pas là. J'avais du mal à assumer ma propre existence et à faire face aux exigences de la vie réelle. C'était plus simple pour moi de me droguer et de partir pour un voyage dans un autre monde, où j'étais heureux et où tout était différent. Paradoxalement, en me droguant, je cherchais la vie. Je cherchais la liberté. Les drogues ont une telle capacité d'intensifier l'expérience, de tout amplifier que je me sentais vivre... Mais je me suis perdu là-dedans. Heureusement, Dieu m'a littéralement arraché à tout ça, car sinon, je me serais complètement détruit.

– Donc tu n'as plus de tentations ? s'exclame Bernadette, surprise.

– Oh non ! Je reste un pauvre homme pécheur, conscient plus que jamais de ma capacité à trahir le Dieu que j'aime. Il n'y a que sa grâce qui puisse me sauver de moi-même ! »

Bernadette me lance un regard confiant et me demande : « Penses-tu que Dieu veuille m'aider aussi, comme il l'a fait avec toi ?

– J'en suis certain, lui dis-je. Si tu veux, après le repas, nous pourrons aller prier dans une église. Nous allons invoquer l'Esprit Saint sur toi, prier ensemble et demander que tu sois libérée des liens qui te tiennent captive. Ça te va ?

– Oui, ça me va très bien ! » me répond Bernadette en souriant.

Après le repas et notre temps de prière, nous échangeons nos coordonnées sur le parvis de l'église. J'ouvre large mes bras pour embrasser Bernadette qui me serre très fort. Nous faisons un petit selfie et nous nous disons au revoir. Puis Nyoni et moi allons retrouver le reste du groupe, place du Vieux Marché.

Quand nous arrivons sur cette jolie place, elle est blindée de jeunes : on est vendredi soir. Nous apercevons frère Hugo et les autres, assis dans un bar en train de discuter avec des jeunes Namurois. « Ils travaillent dur nos missionnaires ! commente Nyoni.

– Oui, comme dans l'évangile du semeur, on jette des graines ! » lui dis-je avec joie et une certaine fierté, au moment même où je reçois un SMS. Béatrice me signale que le repas qu'elle a préparé pour nous est prêt ; elle m'attend. Je quitte les autres pour me rendre au point de rendez-vous. Béatrice est professeur de philo à l'université, et c'est sa manière de participer à notre mission. Elle sort en vitesse de sa voiture, me donne deux grands sacs remplis de sandwichs, de fruits, de chocolat et, en me quittant, me salue d'un : « Continuez le bon travail ! »

Je retourne vers la place du Vieux Marché et traverse les jolies rues de Namur avec un chant dans le cœur, un sac sur le dos et, dans les mains, deux énormes sacs remplis de nourriture. Le coucher de soleil aux couleurs douces et les oiseaux qui chantent ne font qu'augmenter le bonheur de mon âme. Je me sens pleinement à ma place dans cette ville qui n'est pas la mienne, je suis sans un sou et en même temps extrêmement riche. La joie m'inonde et je bondis gaiement en traversant la place Saint-Aubain. Un couple qui se tient debout devant sa belle voiture me voit, et l'homme lance à haute voix pour que je l'entende : « Voilà quelqu'un avec une grande banane sur le visage ! » Je fais un léger détour pour les rejoindre puis cash, je leur sors : « Je n'en reviens pas. La vie est belle ! Pardonnez-moi, mais je suis ivre de Dieu. J'en ai trop bu et je n'arrive plus à me contenir. » Ils me regardent tous les deux avec sympathie et étonnement pendant que je leur raconte ce que nous sommes en train de vivre dans la mission.

L'homme se tourne alors vers sa femme : « Il faut absolument que nous partions nous aussi avec un sac à dos à l'aventure ! » Le couple habite Namur, ils ont la cinquantaine, deux enfants à l'université. Il est comptable, elle juriste. « Maintenant que les enfants sont grands, le nid est vide et cela fait tout drôle. On doit se réinventer, me dit-elle.

– Oui, enchaîne son mari, on se pose à nouveau plein de questions. Nous avons une belle vie, à tous points de vue. Il ne nous manque rien ; franchement, on ne peut pas se plaindre. Mais il manque un truc. Il y a comme une insatisfaction dans l'âme, une sorte de tristesse. Souvent, je me réveille fatigué et je m'entends dire : "J'en ai marre de tout." Nous nous sommes tournés vers la spiritualité, le yoga, en espérant trouver une solution. Et puis, ce soir, on te voit toi, avec un sac à dos, détaché de tout, et ça interpelle.

– Et Dieu dans tout ça ? leur demandé-je.

– On est chrétiens. On s'est même mariés à l'église, mais on a tout abandonné. Depuis peu, on réenvisage la possibilité de retourner à l'église.

– Vous savez, leur dis-je avec enthousiasme, en plongeant mon regard dans le leur, quand on est guidé par la foi en Jésus, la vie est tout sauf ennuyeuse ! Je peux vous témoigner sincèrement que Jésus ne me laisse pas tranquille. Il marche toujours deux pas devant moi et me bouscule en me disant : "Allez Jack, suis-moi." Il me pousse à sortir de moi-même, à quitter ma zone de confort et à tout risquer en misant sur sa Parole. Et ça paie ! Dieu veut que nos vies soient fécondes et qu'elles donnent vie aux autres. Vivre ne suffit pas, survivre encore moins. Il faut *faire* vivre ! »

À ce moment-là, je vois Nyoni traverser la place et s'avancer vers nous. « Frère Jack, les jeunes sont a-ffa-més !

– Oui, vivre c'est aussi manger », conclus-je. Sans tarder, nous échangeons nos coordonnées et nous nous disons au revoir.

* * *

Un jeune frère demande à un frère âgé : « À quel moment cessent les tentations ? » Avec un grand sourire et beaucoup de sérénité, le vieux frère lui répond : « Lorsque tu seras six pieds sous terre. » Quand je sonde mon cœur et regarde en arrière, une prise de conscience s'impose à moi, une vérité émerge : je suis capable de trahir mon Dieu. Oui, c'est un véritable exploit de la grâce divine que je sois toujours un frère franciscain, car les forces dégénératives du mal et mes tendances égoïstes sont toujours tapies à ma porte, comme une bête apparemment maîtrisée mais qui attend le moment opportun pour bondir et me saisir. Rien ne me sépare de Judas qui a trahi, ni de Pierre qui a renié, ni des prêtres qui sont tombés dans la disgrâce, car je discerne dans mon cœur la même racine du péché et la même faiblesse face à la puissance du mal. Si aujourd'hui je suis toujours un ami du Christ, ce n'est en fin de compte que par sa grâce.

CHAPITRE 16

C'EST CELA QUE JE VEUX

Un jour, durant la célébration de la messe, François entendit ce que le Christ dit à ses disciples en les envoyant prêcher : qu'ils n'emportent en chemin ni or ou argent, ni bourse ou besace. Comprenant ensuite plus clairement ces paroles grâce à l'explication du prêtre, il fut rempli d'une indicible joie : « C'est cela que je veux, c'est cela que je cherche, c'est cela que je désire faire du plus profond de mon cœur ! » (3S 8 ; 1C 9).

Quand je regarde ma vie dans le rétroviseur, j'y vois deux grands tournants. Le premier, le 30 août 2001, est celui de ma conversion, à 21 ans ; et le second eut lieu en 2009, lors de ma première expérience de mission « à la franciscaine ».

Cette année-là, j'ai 29 ans, j'étudie la philosophie et la théologie à Rome. Idéaliste et discipliné, j'aspire ardemment à la sainteté : un saint frère se doit d'être silencieux, sérieux, priant, respectable. Cette recherche de la sainteté à la force du poignet a fait de moi un religieux coincé, rigide, manquant totalement de spontanéité.

Un jour, lors d'une formation donnée par un franciscain venu d'une autre congrégation, j'entends parler d'un certain frère Paul qui vit avec les pauvres et les sans-abri, et qui dort sous les ponts de Rome. C'est un séisme, un véritable tremblement de terre dans mon cœur : « Je voudrais faire ça ! » Cette histoire du frère qui vit dans la rue réveille en moi la nostalgie et le désir de tout franciscain : la joie et la liberté dans la pauvreté.

Sans plus tarder, je demande la permission d'aller rencontrer ce fameux frère et me rends dans sa communauté à Palestrina, à une demi-heure de route de Rome. Je suis à table avec ses frères lorsque frère Paul entre dans la salle à manger. Il a un peu plus de 50 ans, une longue barbe, un petit bonnet, les pieds nus dans des sandales usées jusqu'à la corde. Il vient de passer une longue période dans la rue. Il dégage une forte odeur qui n'a rien à voir avec celle de la sainteté !

« Jack, tu veux partir dans la rue avec moi ? Que cherches-tu ? » me demande Paul avec son solide accent américain. « Je crois que Dieu m'appelle à être missionnaire mais je n'en suis pas tout à fait sûr. Je cherche à discerner sa volonté. Parfois, je pense qu'il veut que j'aille dans les montagnes de Chine, ou en Afrique, dans la brousse. Cependant, ces derniers temps, j'ai vécu de belles rencontres avec des inconnus dans la rue grâce aux questions que pose ma bure. J'ai pu témoigner de ma foi et parler de Jésus sans "agresser" personne. Ce qui est beau, c'est que les gens étaient heureux de m'écouter et d'échanger avec moi. J'ai dit au Seigneur : "Seigneur, si la mission dans la rue est pour moi, donne-moi un signe : une rencontre forte, belle. Je voudrais t'accompagner, essayer." Jésus ne dit-il pas : "Qui cherche trouve ?" »

Frère Paul m'écoute attentivement et puis lance : « OK. Welcome. Mais sache que ce qui compte pour moi dans la rue, c'est l'aspect contemplatif plus que missionnaire. Je veux vivre comme un ermite pauvre caché dans la ville. »

Vendredi 20 novembre 2009 : jour du départ. Dimanche, ce sera la fête du Christ-Roi. À Rome, il fait beau et doux, ça grouille de touristes. Nous sommes trois à partir avec frère Paul pour passer trois jours dans les rues de la ville éternelle : frère Arturo, un jeune frère italien de la communauté de Paul, frère Christian, mon condisciple de cours qui vit dans ma communauté, et moi.

Depuis ma rencontre avec frère Paul, il y a déjà plusieurs mois, j'ai rêvé de ce moment. Je suis à la fois enthousiaste et anxieux. Je vérifie dans mon sac que je n'ai rien oublié : sac de couchage, bouteille d'eau, Bible, bréviaire et un petit canif. Je suis prêt. Je vois arriver frère Christian avec un grand bâton en main. Je lui demande, inquiet : « T'es sérieux ? Tu vas vraiment marcher en ville avec un bâton à la Moïse ?

– Oui. Quand je pars en pèlerinage, ce bâton m'accompagne toujours, me répond Christian, tout content.

– T'as pas peur que les gens nous prennent pour des imbéciles avec ton truc ?

– Non, absolument pas. » Je ronge mon frein !

Frère Christian et moi quittons notre couvent et nous dirigeons vers le centre de Rome pour rejoindre frère Paul et frère Arturo. Chaque pas à côté de Christian me coûte. Il m'énerve avec son fichu bâton dont la pointe fait un bruit insupportable sur le sol.

Nous arrivons à la station de métro « Colosseo » où Paul et Arturo nous attendent. Nous nous saluons joyeusement, puis Paul ajoute, enthousiaste : « Il est vraiment chouette, ton bâton, Christian. *Lets's go*. Allons à la communauté de Sant'Egidio. Ils distribuent des repas aux sans-abri. » Quoi ? il trouve ce bâton chouette ? Je ne comprends pas.

Nous commençons la marche en traversant les jolies rues et places de Rome. Des ruines romaines attirent les regards des touristes, mais pas seulement les ruines :

quatre franciscains en bure, dont un avec un bâton ! Les gens doivent se dire que nous venons d'une autre galaxie. Ça bouillonne à l'intérieur de moi et je finis par craquer : « Christian, au nom du ciel, lâche ce bâton. On a l'air ridicules.

– Pas question », me répond Christian d'un ton lapidaire. Il accélère le pas pour couper la discussion et me laisse tout seul avec ma colère. Ma première expérience dans la rue ne débute pas comme je l'avais imaginée !

La nuit tombe et frère Paul nous dit : « Allons à la basilique Saint-Pierre. Si nous avons un peu de chance et qu'il reste de la place, nous pourrons dormir sous les portiques. » En arrivant, nous trouvons un endroit libre et bien protégé du vent. Nous nous installons tout près d'un groupe de Polonais. Pour la première fois de ma vie, je vais dormir dans la rue ! Je déploie mes cartons et me couche par terre à côté de mes frères. Le sol est dur, ça sent mauvais et j'essaie de pas trop penser aux ordures qui se trouvent près de moi.

Des piétons passent sous les portiques. Certains font semblant de ne pas nous voir : sans doute notre présence les gêne-t-elle. D'autres au contraire nous fixent. Nos regards se croisent. Que se disent-ils ? Que pensent-ils de nous ?

Je commence à prendre conscience que le fait d'être du côté des pauvres m'aide à prier, à voir ma vie et le monde différemment. Quelle est la différence entre une personne pauvre et moi ? Qu'est-ce qui me sépare d'elle ? Me reviennent alors tous les moments de ma vie où j'ai fait semblant de ne pas la voir, ou exprès de l'éviter.

Je n'arrive pas à m'endormir. Mon bréviaire fait un mauvais oreiller, le bruit des voitures et des sirènes est incessant, et en plus les Polonais font la fête, leur tapage m'exaspère. Mes frères, eux, dorment déjà du sommeil du juste. Quand les Polonais se calment enfin et que je commence à m'assoupir, des moustiques-tigres passent à l'attaque et me persécutent, m'empêchant de fermer l'œil.

Les six cloches de la basilique se mettent à sonner. Il est 8 heures du matin. J'ai passé une nuit blanche et suis de mauvaise humeur. Nous ramassons nos affaires et partons visiter une église de l'autre côté de la ville. Christian marche toujours avec son bâton, je suis tellement fatigué que je n'ai même plus l'énergie de penser au regard des gens fixé sur ces quatre franciscains déjantés. Je me sens sale. J'ai besoin de silence, j'ai envie de prier tout seul. Mais comment faire ? Nous marchons tous les quatre en plein centre-ville de Rome.

J'ai une idée. Je laisse les autres avancer, je ralentis le rythme, je croise les manches dans mon habit et relève ma capuche. C'est la première fois de ma vie que, pour prier, je me dis : « Jack, fais comme s'il n'y avait plus que Dieu et toi, comme si l'environnement s'était évaporé. » C'est ainsi que j'arrive à entrer en moi, là où mon cœur parle à son Dieu. Enfin, je sens que mon âme est touchée par son créateur.

Nous entrons dans l'église Santa Maria dei Monti et, selon l'enseignement de saint François, nous fléchissons le genou en disant : « Nous t'adorons, ô Christ, ici et dans toutes les églises du monde entier, et nous te bénissons, car tu as racheté le monde par ta sainte croix. » Une femme s'approche de moi. Elle a un large sourire, un regard clair et franc. Elle me demande qui nous sommes, ce que nous faisons à Santa Maria.

« Nous sommes franciscains. Nous venons de passer la nuit avec des SDF sous les portiques de la basilique Saint-Pierre. » Je lui parle de mes frères, de la mission. Mon interlocutrice, l'œil pétillant, enchaîne : « Quel clin d'œil de la Providence ! Cet après-midi, le groupe de prière auquel je participe chaque semaine se réunit chez moi. J'aimerais que vous veniez témoigner. » Ni une ni deux, j'en parle à frère Paul qui accepte l'invitation et nous prenons les coordonnées de Chiara, qui nous donne rendez-vous chez elle à 16 heures.

Il est 13 heures quand frère Paul nous dit : « Il faut que nous mangions quelque chose. Qui a envie de mendier ? » Je sens que je dois saisir la balle au bond. Quand il faut y aller, il faut y aller ! Je lève timidement la main. Me voici lancé dans l'apprentissage de la mendicité !

« Super. Prions un Notre Père afin qu'il nous donne notre pain quotidien », dit Paul.

La prière faite, je quitte le groupe avec frère Arturo et entre dans une pizzeria. Frère Arturo préfère rester à l'extérieur. Pour la première fois de ma vie, je prononce cette phrase : « Nous sommes des frères franciscains en mission, partis sans argent, sans nourriture, auriez-vous quelque chose à nous donner ? » Le type rigole – « *Aspetta un attimo* (attendez un moment) » –, se met au four et prépare une pizza napolitaine énorme. Je n'ai jamais vu une si grande pizza de toute ma vie ! Il rajoute en plus des portions de lasagnes, une salade et du coca. Je n'en crois pas mes yeux. Je m'exclame : « Que Dieu vous bénisse ainsi que votre famille !

– Qu'il t'entende ! » me répond-il avec un énorme sourire.

Je sors du restaurant les bras chargés de nourriture et avec une grande banane. Mission accomplie ! Fier et joyeux, je retrouve mes frères assis au pied d'une fontaine sur une petite place. Des étoiles brillent dans leurs yeux quand ils me voient arriver avec autant de bonnes choses : « Tu as reçu tout cela ? » me demande frère Christian. « Bravo, Jack. Tu as vraiment eu la grâce des débutants », ajoute Paul.

Les passants nous regardent avec curiosité et bienveillance. La plupart lancent un « *Buon appetito* » et continuent leur chemin, d'autres s'arrêtent pour nous parler. Tout est nouveau pour moi. J'adore. Je me sens à ma place, dans mon élément. Assis par terre, nous dégustons cette délicieuse pizza et cherchons une solution pour manger les lasagnes, n'ayant ni assiettes, ni couverts. Nous sommes complètement dans le monde mais nous ne sommes pas du tout du monde !

Notre festin devant la fontaine attire les regards d'un mendiant. « Puis-je l'inviter ? » Paul accepte. Je vais vers lui : « Viens manger avec nous. Tu es le bienvenu. » Le mendiant s'assied près de nous et nous lui servons un morceau de pizza.

Frère Christian me dit : « C'est dingue ! Nous n'avons rien et nous sommes plus généreux ici avec les mendiants qu'au couvent où nous avons tout et où nous ne les invitons jamais ! »

À 15 heures, nous partons en direction du quartier de la place Cavour, où habite Chiara. Elle nous ouvre la porte de son appartement et nous présente à ses amis du groupe de prière. Ils sont une vingtaine, hommes et femmes de tous âges. Ils ont l'habitude de prier ensemble le chapelet et de vivre un partage sur les textes liturgiques du dimanche suivant.

« Aujourd'hui, étant donné que nous avons la grâce d'avoir la présence de quatre franciscains, dit Chiara au groupe, je propose que nous changions notre programme habituel. Frère Paul, voulez-vous nous partager votre témoignage et votre parcours ? »

Mais Frère Paul se tourne vers moi : « Frère Jack, c'est à toi. »

Je suis à la fois surpris et content que Paul me donne la parole. Tous les yeux sont braqués sur moi. Plus un murmure. Un silence ardent. Alors je témoigne : « Jamais dans ma vie, je n'avais pensé devenir frère franciscain ! Une telle idée n'est jamais entrée ni dans ma tête, ni dans mes plans. D'ailleurs, je ne sais pas à quels critères Dieu se réfère quand il appelle quelqu'un. Par contre, ce que je sais, c'est que Dieu nous connaît mieux que nous ne nous connaissons nous-mêmes et que le secret d'une vie heureuse est dans l'obéissance à son appel. Aujourd'hui je ne pourrais être personne d'autre qu'un frère franciscain ! »

Les gens m'écoutent avec attention. On entend les mouches voler. Mon témoignage est fluide, coule de source, les mots sortent facilement. Je suis étonné moi-même ! Je sens que l'inspiration ne vient pas seulement de moi mais me dépasse, qu'elle surgit du plus profond de mon cœur. Avec humilité, j'ai conscience de les captiver et de les toucher.

En quittant l'appartement de Chiara, je suis débordant d'enthousiasme, mais je ne m'autorise toujours pas à l'exprimer. Frère Paul, frère Arturo et frère Christian partent parler avec un passant. Je reste quelque temps seul avec mes pensées, je revis la journée et tous ces moments de grâce. Mes pensées se transforment en prière et je dis à Dieu : « C'est cela que je veux, c'est cela que je désire. Je veux vivre comme ça tout le temps ! »

Les trois autres reviennent vers moi. « Arrêtons-nous pour prier les vêpres et vivre un temps de partage sur la journée. Allons sur le parvis de cette église », suggère frère Paul. Puis, pendant que nous prions, une personne sort d'un restaurant, dépose un repas, nous salue et s'en va.

Quelle générosité ! Encore du neuf pour moi. Je suis émerveillé. Je n'arrive pas à croire que cela continue. On passe de gloire en gloire !

Après un temps de partage, nous traversons à nouveau la ville en direction de la basilique Saint-Pierre. Sur le chemin, frère Paul découvre des cartons devant un magasin chic : « Allez-y les gars. Prenez vos cartons pour la nuit. » Je me sens totalement fou en fouillant dans la poubelle avec mes frères pendant qu'une femme nous dévisage depuis la fenêtre de sa boutique. De toutes mes forces, j'essaie de me contenir, je sens que je vais exploser d'une joie folle.

Puis, frère Paul en tête, frère Christian avec son bâton à la Moïse, frère Arturo et en dernier lieu moi, tous les quatre, nous traversons la via del Corso à la queue leu leu, nos cartons sous le bras et nos sacs sur le dos. Cette scène est trop dingue. Elle va m'achever. Je ne peux plus endurer la pression dans ma poitrine. Mon cœur va exploser. Que faire ? Chanter et chanter ! J'ouvre la bouche et, à pleine voix, je chante comme un fou, saisi par une ivresse spirituelle dans ce quartier chic de Rome. Une brèche s'est définitivement ouverte dans la digue. Une joie profonde, indicible inonde mon cœur et, cette fois, plus rien ne peut la retenir. Moi, Jack, le frère rigide, coincé, je me sens libéré. Puis frère Christian se joint à moi et nous chantons à tue-tête et à l'unisson des chants religieux. Voir le regard interloqué des autres ne fait qu'augmenter ma joie.

Nous arrivons en chantant à la basilique Saint-Pierre pour y passer la nuit, mais je n'arrive pas à dormir. Je suis profondément heureux, excité, joyeux. Durant toute la nuit, je parle aux gens sur la place Saint-Pierre, et cela me rappelle mes soirées d'autrefois, quand j'étais jeune et dans le monde. J'aimais la rencontre, j'aimais le sentiment de liberté, j'aimais vivre comme dans un autre univers. Ce que je cherchais dans la drogue, je l'ai trouvé maintenant en Dieu. « Mon Dieu, comment pourrais-je te remercier pour tout ce que tu as fait pour moi ? » Voilà la prière avec laquelle je me suis finalement endormi sous les portiques, devant Saint-Pierre.

Le lendemain, nous nous levons de bonne heure. Nous rangeons nos affaires et nous mettons en marche en direction de la basilique Sainte-Marie-du-Trastevere pour la messe de la solennité du Christ-Roi. Sur le chemin, là encore, je prie en silence, les bras croisés dans mes manches, capuche relevée sur la tête. Nous arrivons à l'église.

En entrant, je vais directement dans une petite chapelle du côté droit pour prier seul. « Seigneur, je sais maintenant que tout cela est pour moi. Avant de partir en mission, je t'avais demandé une rencontre qui me permettrait de témoigner et voici que, dans ton immense bonté, dans l'appartement de Chiara, tu m'as donné une rencontre, non pas avec une personne, mais avec vingt ! Et puis il y a eu cette générosité débordante, la pizza, le repas donné devant l'église, le mendiant, l'explosion de joie dans le quartier chic, les multiples rencontres. Mon Dieu, je ne me suis jamais senti si vivant, si libre, si véritablement moi-même ! Tu m'as libéré, tu m'as restitué à moi-même. Seigneur, je suis parti, je cherchais ta volonté, ton appel. Je voulais savoir si tu m'appelais à être missionnaire et aujourd'hui tu me donnes ma mission. Tu veux que je parcoure l'Europe en évangélisant. *Forever I will adore you.* »

CONCLUSION

HOME SWEET HOME

Recommençons, mes frères, à servir le Seigneur notre Dieu, car jusqu'à présent, nous n'avons presque rien fait (LM 14).

Dimanche matin. La mission est terminée. Après une semaine passée dans la rue, je rentre à pied chez moi, au Couvent Saint Antoine, pour participer à la messe de 10 h 30. Dans le couloir du couvent, je croise frère Jean-Luc qui me salue affectueusement : « Alors ? Ça a été ? Tu n'es pas mort de froid ni de faim ?

– Non, c'était super. Et ici, quoi de neuf ? »

Pendant que nous échangeons des nouvelles, frère Bart et frère Daniel-Marie viennent à ma rencontre et m'accueillent chaleureusement. Ça fait vraiment du bien de rentrer à la maison. Je me sens comme un poisson dans l'eau dans notre vie conventuelle faite de fraternité, de service et de prière. Tous les quatre, nous nous rendons à l'église pour nous préparer à la messe.

C'est une joie de revoir les visages familiers des fidèles, amis du couvent, qui célèbrent l'Eucharistie avec nous. Je sens l'attente spirituelle de tous ces jeunes et moins jeunes venus participer à notre messe dominicale.

À la fin de l'Eucharistie, frère Daniel-Marie s'adresse à l'assemblée : « Frère Jack vient de rentrer au couvent après un temps de mission itinérante. Il nous montre que l'Évangile est d'une grande actualité et que Jésus est toujours à l'œuvre. Je l'invite à prendre la parole pour nous partager ses expériences de mission. »

Avec enthousiasme et énergie, je témoigne des œuvres de Dieu. Je vois que les gens m'écoutent attentivement. Je les sens à la fois touchés et interpellés. Leurs applaudissements à la fin me font penser que mon témoignage est bien passé, quand j'aperçois une main qui se lève dans l'assemblée.

Une femme, Lucia, souhaite me poser une question. « Ton récit de la mission itinérante m'inspire, frère Jack. Ce sont de véritables pépites d'humanité, toutes ces rencontres extraordinaires que tu vis avec des gens ordinaires. Je crois avoir compris ton message : tu nous invites à témoigner, à évangéliser, comme tu dis. Ceci dit, frère Jack, ce que tu vis est vraiment décalé par rapport à ma vie chrétienne. Je suis mariée, j'ai des enfants, une famille. Je ne peux pas partir comme toi sur les routes avec un sac à dos. Alors ? Qu'as-tu à dire à des chrétiens comme moi ? »

Dans l'église, plus aucun murmure. Silence total. Visiblement, la question de Lucia fait mouche.

« Merci pour ta question Lucia. Je voudrais te dire deux choses.

Tout d'abord, t'inviter à nouer avec Jésus une relation personnelle et vivante. Jésus n'est pas un concept ou une valeur mais une personne. Comment nouer cette relation ? Par la prière, la méditation de la Parole, la lecture spirituelle, les sacrements, les échanges spirituels avec d'autres chrétiens. Cela peut te sembler banal, mais c'est vraiment la base de tout pour qui veut entendre les appels de Dieu et y répondre.

Ensuite, être fidèle, dans les petites choses comme dans les grandes, aux appels que Dieu t'adresse aujourd'hui, ici et maintenant, à toi, Lucia. Actuellement, cela n'aurait pas de sens que tu partes secourir les pauvres dans la rue, comme mère Teresa, et que tu négliges tes jeunes enfants à la maison. Dans ton quotidien, Dieu te demande de faire ce que tu es appelée à faire avec amour, animée par ta foi dans sa présence en toutes choses. Cela dit, il ne te demandera pas seulement de bien faire ton “devoir d'état”, mais il va t'inspirer des engagements dans le cadre de ta vocation de femme mariée et de mère. C'est quand tu suis et mets en pratique les inspirations que Dieu suscite dans ton cœur qu'il y a du neuf dans ta vie.

Chaque personne est appelée à témoigner par sa parole et par sa vie. Que je sois au travail, en famille, au repos, avec des amis, à l'église, c'est important que je vive chaque temps devant Dieu et avec Dieu. Quand Dieu est au début, au centre et à la fin de tout ce que je fais, ma vie est témoignage. Je deviens un signe de sa présence et cela se voit dans mes priorités. »

Je vois une autre main qui se lève. Il s'agit d'Edward, qui a 23 ans.

« Merci, frère Jack. Tu nous dis de prier et d'obéir à Dieu et à ses inspirations dans le quotidien. Tu nous as partagé des expériences missionnaires de dingue. Cela me donne envie de vivre, moi aussi, quelque chose de fort. Je vois pourtant beaucoup de gens qui s'ennuient dans leur vie chrétienne ! As-tu des conseils à donner à tous ceux qui comme moi veulent vivre l'Évangile à pleins tubes ? »

Je garde le silence… Puis, un mot me vient à l'esprit : « audace ».

« Il faut croire, il faut oser ! Nous sommes appelés à risquer notre vie en faisant confiance à Dieu et à sa Parole. Cela peut être dangereux. Quand ta foi est un moteur qui te pousse hors de ta zone de confort, tu es appelé à te mouiller, à prendre des risques. Tu auras peut-être des ennuis, mais tu ne vas pas t'ennuyer, ça, c'est sûr !

Par contre, lorsque la vie chrétienne est limitée à une pratique religieuse "extérieure", elle cesse d'être source d'énergie et de vie. Elle devient fade et risque alors de dégénérer en habitudes, obligations et devoirs.

Avec Jésus, c'est tout à fait différent. Il nous déconfine ! Il nous met dans une dynamique de mouvement, de sortie, grâce à ses deux injonctions à aimer et à évangéliser. Elles sont comme deux pieds qui nous empêchent de rester immobiles, repliés sur nous-mêmes, et qui nous font marcher à la rencontre de l'autre.

Ce que j'entends par "deux pieds" ?

Tout d'abord, il y a le pied gauche, celui de l'amour qui te porte à t'ouvrir à l'autre, à te rapprocher en priorité de la personne fragile, du pauvre, de l'étranger…

Ce mouvement-là a converti le cœur de saint François. Le jour où il s'est fait proche d'un lépreux et lui a montré son amour, sa vie a été transformée. Il y a eu un avant et un après. Il s'est laissé déranger et a fait une rencontre inattendue avec le Christ.

La personne vulnérable, fragile, marginalisée, elle est à deux pas de chez toi, mais, pour la rencontrer, tu dois sortir de toi-même. Si tu as le cœur grand ouvert et que tu regardes l'autre avec des yeux de frère, tu verras qu'il y a des rencontres à vivre, des pépites d'humanité, comme disait Lucia.

Ensuite, il y a le pied droit, celui de l'évangélisation. Il nous sert à aller proclamer Jésus à tous et en tous lieux. Comme c'est beau, quand un chrétien sait témoigner de sa foi et arrive à la partager avec intelligence relationnelle et créativité missionnaire ! Aujourd'hui, plus que jamais, le monde a besoin de Jésus, mais malheureusement nous le gardons trop souvent enfermé à l'intérieur de nous, de nos églises, de nos communautés, alors qu'il est un trésor à partager.

Bien sûr, nous n'allons pas tous partir sur les routes avec un sac à dos pour annoncer la bonne nouvelle. Il y a différents appels, différents types de mission, différentes manières de témoigner. L'important est d'avoir un cœur de missionnaire et une attitude d'apôtre ; alors les opportunités se présenteront car la moisson est vraiment abondante. »

Je vois une autre main qui se lève. Je regarde frère Daniel-Marie pour savoir si nous avons encore le temps de prendre une toute dernière question. Il acquiesce d'un signe de tête.

La main appartient à Étienne. Il a 40 ans. « Frère Jack, dans ton témoignage, tu nous parles beaucoup de la mission et de l'appel de Dieu dans ta vie. Trouver sa mission n'est pas facile. As-tu des conseils pour nous aider à découvrir, comme toi, notre mission, ce qui donne sens à notre vie ?

– Merci, Étienne, pour ta question. Elle me parle beaucoup, car, pendant longtemps, je me suis demandé quelle était ma mission. Où et comment m'investir ? Comment répondre à l'appel de Dieu qui invite chacun à donner le meilleur de soi ?

Aujourd'hui, je pense que pour trouver notre mission et notre place dans la vie, nous avons besoin de chercher pour trouver, de demander pour recevoir, de frapper pour que l'on nous ouvre.

Chercher, tout en sachant que Dieu, le Bon Pasteur, me cherche en premier et qu'il guide mes pas pour que je puisse le trouver. Cette quête est vraiment une aventure remplie d'espérance, car ce chemin est accompagné d'une promesse divine : "*C'est moi qui t'ai appelé pour que tu portes du fruit et pour que ton fruit demeure*" (Cf. Jn 15, 16). Grâce aux promesses de Dieu, je reste toujours en mouvement et je suis habité par une force intérieure qui me rend capable d'avancer sur le chemin, en dépit des difficultés de la vie.

Je voudrais dire un mot sur le "chemin", une des images les plus parlantes, selon moi, pour décrire la vie humaine.

Chaque homme, chaque femme est en marche sur cette terre, traversant les saisons de la vie pour parvenir à la destination finale : Dieu lui-même.

Or, pour arriver jusqu'à la vie éternelle qui est Dieu, il y a autant de chemins qu'il y a d'hommes. Le chemin de saint François n'est pas mon chemin, mais celui de saint François. Tout comme le chemin de sainte Claire n'est pas le mien non plus, car son chemin s'est déjà accompli.

Chacun a la tâche de trouver son propre chemin dans la vie pour parvenir à Dieu, un chemin qui est unique, singulier et personnel. Dieu ne fait jamais des "copier-coller". Au contraire, il crée du neuf et réalise du "jamais vu" dans la vie de chacun de ses enfants.

Les chemins vers Dieu sont variés et innombrables, et pourtant le chemin vers Dieu est un et unique. C'est

Jésus. Il est le chemin, la vie et la vérité et personne ne va au Père si ce n'est par lui. »

Frère Daniel-Marie reprend la parole et invite l'assemblée à se lever pour recevoir la bénédiction franciscaine : « Que le Seigneur vous bénisse et vous garde ; qu'il vous montre sa face et soit miséricordieux pour vous. Qu'il tourne son visage vers vous et vous donne la paix. »

Pour moi, j'ai fait ce qui est de mon ressort. Pour ce qui est du vôtre, que le Christ vous l'enseigne (LM 14).

REMERCIEMENTS

Je remercie cordialement Marie-Françoise Dispa de nous avoir accompagnés dans l'écriture de ce livre. Son expérience de journaliste et ses remarques pointues nous ont été précieuses.

Un merci tout spécial à tous ceux qui sont partis en mission avec moi durant ces dix dernières années. La mission itinérante ne se fait jamais seul. Grâce à eux, j'ai eu des compagnons de route avec qui j'ai pu renouveler ma passion pour l'Évangile et expérimenter la fraîcheur de la spiritualité franciscaine.

Enfin, je remercie infiniment les frères de ma communauté du Couvent Saint Antoine à Bruxelles, mes frères Daniel-Marie, Bart et Jean-Luc-Marie. Notre vie ensemble est la base qui m'a permis d'explorer des chemins anciens et nouveaux.

TABLE

Achevé d'imprimer en mai 2021
sur les presses de la Source dOr
63200 Riom
Dépôt légal : mai 2021
Numéro d'impression : 105269

Imprimé en France

www.editions-emmanuel.com